Demut und Pracht

Carl F. Panagl-Holbein

Demut und Pracht

Ein Blick in die Klöster- und Ordenslandschaft Österreichs

Kremayr & Scheriau

Die Deutsche Bibliothek – CIP-Einheitsaufnahme
Panagl-Holbein, Carl F.:
Demut und Pracht:
ein Blick in die Klöster- und Ordenslandschaft
Österreichs/Carl F. Panagl-Holbein.
Wien: Kremayr und Scheriau, 1991
ISBN 3-218-00519-1

Lektorat: Brigitte Hilzensauer
Gestaltung und Schutzumschlag:
Rudolf Kasparek (das Schutzumschlagbild
zeigt das Chorgestühl in der
Stiftskirche von Engelszell mit
aufgeschlagenem Missale)
Satz und Repro: SRZ, Korneuburg – Wien
Druck und Bindung:
Oberösterreichischer Landesverlag, Linz
ISBN 3 218 00519 1

Inhalt

Vorwort

Claudere«: das bedeutet abschließen, sich abschließen. Kloster, Klausur, Klause: all diese deutschen Wörter haben das lateinische »claudere« als Wurzel. Kloster: das ist also ein Ort, um sich abzuschließen, wo man sich zum höheren Zweck der geistigen Einkehr, des In-sich-Hörens, der Konzentration auf spirituelle Werte vor der Außenwelt zurückzieht. Die Konzentration des Geistes duldet keine äußeren Einflüsse.
So werden die Grundgedanken des Mönchtums klarer: Einsamkeit, Schweigen und Askese. Aber Askese gibt es nicht nur im Kloster. Art und Menge unserer Ernährung haben einen wesentlichen Einfluß auf die geistige Aktivität; dies ist keine neue, aber eine oft verleugnete Erkenntnis, oder einfacher ausgedrückt: »Ein voller Bauch studiert nicht gern.« Fastenvorschriften finden sich daher in allen Weltreligionen. Das Vorbild einer wenigstens einmal im Jahr einzuhaltenden Fastenperiode sind im Christentum die vierzig Tage des vorösterlichen Fastens, im Islam der Fastenmonat Ramadan, und auch die buddhistischen Mönche leben in Askese, als Bettelmönche, die die zum Leben notwendigen Naturalien täglich in Form von Spenden erhalten.
Versenkung in Einsamkeit und Bedürfnislosigkeit ist freilich älter als die großen Weltreligionen: Diogenes, der bekannteste Vertreter der Kyniker, einer antiken Philosophenschule, lebte bereits im 4. vorchristlichen Jahrhundert weltabgeschieden, in einem Faß, gewissermaßen als nichtchristlicher Eremit. Die Kyniker lebten »wie die Hunde« (altgriech. kynikós = hündisch), möglichst einfach, ohne Bedürfnisse und ohne Eigentum, aber im Einklang mit der Natur. Erkennungszeichen dieser Philosophen wurden bald Wanderstab, Rucksack und das verschlissene Gewand.
Von den Kynikern übernahm Zenon im 3. vorchristlichen Jahrhundert die Lehre vom naturgerechten Leben; für den Stoiker Zenon war die Natur bereits ein Ausdruck der göttlichen Vernunft und die Pflicht des Menschen, in Übereinstimmung mit der Natur zu leben, gleichbedeutend mit der Verpflichtung zu einem tugendhaften Leben.
Die ersten christlichen Einsiedlermönche traten im 4. Jahrhundert in Ägypten auf. Der Einsiedler Antonius etwa lebte rund zwanzig Jahre völlig zurückgezogen in der Wüste am Ostufer des Nils; seinem Beispiel folgend, sollen sich dort rund fünftausend Einsiedler niedergelassen haben. Diese lebten teils allein, teils aber schon in Gruppen, alle aber übten strenge Askese und gaben sich der Zwiesprache mit Gott hin. Die Einsiedlergruppen hausten in dorfähnlichen Gemeinschaften, in denen jeder Mönch seine eigene Hütte oder Höhle hatte, und trafen nur zum gemeinsamen Beten, Essen und Arbeiten zusammen. Diese Form des christlichen Mönchstums, in der der Gedanke der Einsamkeit, des sich Abschließens so weit gedacht wird, daß die Mönche nicht einmal unter

einem gemeinsamen Dach leben, hat sich in den Orden der Kartäuser und der Kamaldulenser (vgl. Anhang) erhalten.
Ähnliche Klostersiedlungen entstanden bald auch in Italien und anderen Ländern der christlichen Welt. Diese Klosterbezirke wurden nun mit Mauern umgeben, um die Trennung von der Außenwelt auch sichtbar zu machen. Auf die individuelle Lebensweise, wie sie für die Einsiedlergemeinschaften charakteristisch gewesen war, wurde aber verzichtet; als die große Entsagung galten allein das »Verlassen« der Welt und das Leben nach einer Regel. Der Gedanke einer kompromißlosen Christusnachfolge, der schon die frühen Eremiten beseelt hatte, blieb aber in etwas veränderter Form erhalten.
Bereits im 6. Jahrhundert erfreuten sich Klöster großer Wertschätzung und regen Zustroms. Um das Jahr 600 existierten bereits mehr als zweihundert Kommunitäten mit oft Hunderten von Mitgliedern. Die Klöster wurden vom Adel reich beschenkt. Mit der Zunahme materieller Güter war allerdings die Gefahr verbunden, daß man sich von den ursprünglichen Idealen immer weiter entfernte. So ist die gesamte Geschichte des abendländischen Mönchstums durch ein stetes Ringen um die Reinheit des Glaubens und der jeweiligen Ordensregeln, durch einen Wechsel von Verfall und Blüte gekennzeichnet.
Ein Ausdruck des stets lebendigen Bemühens, nach Zeiten des geistigen Niedergangs zu den Wurzeln des Mönchstums beziehungsweise zu den Wurzeln eines Ordens zurückzukehren, dem Wort und der Regel des Ordensgründers möglichst treu zu folgen, sind die zahlreichen Reformen der Orden. Daß das mönchische Leben nicht einfach zu leben war (und ist) und stets höchste Ansprüche an den einzelnen stellte, das beweisen die zahlreichen Klagen von Visitatoren über die mangelnde Moral in diesen oder jenen Klöstern, doch als Gegengewicht traten immer wieder heiligmäßige Männer und Frauen auf den Plan, die neue Akzente setzten, Orden gründeten oder reformierten.
Als Benedikt von Nursia im Jahre 529 Montecassino gründete, war damit nicht nur ein wesentlicher Meilenstein in der Geschichte des christlichen Mönchstums gesetzt; Benedikt versuchte in seinen Regeln auch mit großem Einfühlungsvermögen, einen gangbaren Weg zwischen Askese und Kontemplation einerseits, Kommunikation und gemeinschaftlicher Tätigkeit andererseits vorzugeben: »Ora et labora« – »Bete und arbeite«. Ganz ähnliche Intentionen hatte später Norbert von Xanten, als er 1120 den Prämonstratenserorden ins Leben rief. Auch er verband die »vita contemplativa« mit der »vita activa«, die sich im Falle der Prämonstratenser auf die Seelsorge konzentriert.
Der heilige Augustinus (354–430) dachte zwar nicht daran, einen

Orden im späteren Sinne zu gründen, doch führte er mit den Priestern seiner Bischofskirche im nordafrikanischen Hippo ein gemeinschaftliches Leben, ähnlich den Mönchen. Auch hier trat an die Stelle der Handarbeit die Seelsorge. Vorbild war die Lebensweise der Christen der Urkirche; nach diesem Vorbild wiederum entwickelte sich die Augustinus-Regel, nach der sich Ende des 11. Jahrhunderts die »regulierten Chorherren« oder »Augustiner-Chorherren« als eigener Orden formten.

Geht man von Montecassino als erstem Kloster im bis heute gültigen Sinn (im Gegensatz zu den früheren Zusammenschlüssen einzelner Eremiten), mit einer klar definierten und niedergelegten Regel, aus, so sind seither beinahe 1.500 Jahre Klostergeschichte vergangen. In diesem beträchtlichen Zeitraum gab es nicht nur eine Reihe innerklösterlicher oder innerkirchlicher Neudefinitionen, sondern auch einschneidende Eingriffe von seiten des Staates. Für Österreich bedeutete die Kirchen- und Klosterreform Kaiser Josefs II. den größten derartigen Eingriff. Nachdem schon seine Mutter, Kaiserin Maria Theresia, die große, ihrer Meinung nach allzu große Macht der Klöster, die sich in einer für Staat und Dynastie nicht akzeptablen Mischung aus weitreichendem politischem Einfluß und außerordentlichem materiellem Besitz manifestierte, zu reduzieren versucht hatte, setzte der nüchterne Aufklärer Josef eine bis dahin beispiellose Tat. Er ging dabei von Überlegungen aus, die nicht nur den illusionslosen Pragmatiker verraten, sondern auch in seiner tiefen persönlichen Überzeugung wurzeln, für sein Volk das Beste zu tun. In seinem Gebetbuch notierte der Monarch:

»Ich thue einen Schritt, der mir Feinde in Menge zuziehen und selbst von vielen, sonst guten Unterthanen nicht ungetadelt bleiben dürfte.

Allein ich vertraue auf dich, ewiges allerweisestes Wesen – du siehst mein Herz, weißt, daß ich nur das Wohl der Menschheit, nur das Glück meiner Länder zum Endzweck habe.

Jesus, den du zur Welt sandtest, lehrte tätige Bruderliebe und machte dies zum Ziel menschlicher Glückseligkeit. Meine Mönche sind gänzlich von dieser Lehre abgewichen und lieben nur sich selbst . . .«

Statt in den einzelnen Klöstern eine große Zahl an Geistlichen zu konzentrieren, sollten die Priester vielmehr zum Volk gehen. Jeder Bürger sollte innerhalb kurzer Wegzeit eine Kirche erreichen können, und die Ordensgeistlichen wurden zur Seelsorge verpflichtet. Da diese Umstrukturierung hohe Geldmittel erforderte, wurde der sogenannte Religionsfonds gegründet, der von den freigewordenen Mitteln der zwangsweise aufgehobenen Klöster gespeist wurde. Daß dabei wertvollste Kunstschätze versteigert oder verschleudert und intakte Bausub-

stanz willkürlich dem Verfall preisgegeben wurde, zählt zu den aus heutiger Sicht unbegreiflichen Aspekten der josefinischen Kirchenpolitik.
Der große Säkularisierungsprozeß, der mit Beginn der Aufklärung in die Wege geleitet worden war, setzte sich in der Französischen Revolution fort und erreichte im Zuge des sogenannten »Kulturkampfes« 1871–1880 einen letzten Höhepunkt im deutschen Sprachraum. Erstaunlich ist, daß es nach den großen Klosteraufhebungen in der Regierungszeit Josefs II. noch bis 1848 dauerte, ehe der Status der Klöster als Grundherren, die darin den weltlichen adeligen Grundherren und all ihren Rechten gleichgestellt waren, aufgehoben wurde.
Zu Grundherren waren die Klöster durch die Stiftungen des Mittelalters geworden – als Stift im engeren Sinn wird nur ein Kloster mit Grundbesitz bezeichnet –, die Vorsteher der bedeutenden Stifte saßen als kaiserliche Prälaten im Range von Fürsten in den Landtagen und hatten nicht nur auf die Landespolitik, sondern auch auf die Reichspolitik entscheidenden Einfluß. Die riesigen Klosterpaläste des Barock, die in ihrer Monumentalität und ihrem bis in die kleinsten Details eingedrungenen Prunk genaugenommen in schroffem Gegensatz zum mönchischen Grundgedanken stehen, freilich eben ob dieser Pracht zu den künstlerischen und architektonischen Glanzleistungen unseres Landes zählen, sind heute längst zu einer Belastung der personell meist stark zusammengeschrumpften Konvente geworden.
Da die rein kontemplativen Orden, also jene, die sich ausschließlich dem Gebet und nicht außerdem noch seelsorglichen, erzieherischen oder karitativen Aufgaben widmeten, in Österreich im Josefinismus ausgelöscht wurden und in unserem Land auch nicht wiedererstanden sind – lediglich bei den Nonnenkonventen gibt es wieder eine gar nicht so kleine Anzahl solcher Gemeinschaften –, erfüllen die österreichischen Klöster heute vorwiegend seelsorgliche Aufgaben, die häufig durch erzieherische und kulturelle Aktivitäten ergänzt werden. Obwohl die meisten Klöster unter Personalmangel leiden, scheint der geistig-geistliche wie auch der ökonomische Anpassungsprozeß an die Erfordernisse der Zeit geglückt.

Die Orden der großen österreichischen Stifte

Die Benediktiner

Der heilige Benedikt wurde um 480 in Nursia (heute Norcia, Italien) geboren, studierte zunächst in Rom, das sich nach dem Ende des Römischen Reiches, 476, in einer Situation der Auflösung befand, zog sich aber bald in das Tal von Subiaco zurück, wo er in einer Höhle als Einsiedler lebte. In dieser Gegend gab es auch eine lose Gruppe von Eremiten, die Benedikt zu ihrem Abt erwählte. Allerdings kam es sehr bald zu Spannungen, woran dieses erste Gemeinschaftsleben scheiterte. Auch einem zweiten Versuch – Benedikt gründete im Tal von Subiaco selbst zwölf kleine Klöster – war kein besserer Erfolg beschieden. Als Benedikt bereits fünfzig Jahre alt war, kam er zum Berg Montecassino und entschloß sich, den dort befindlichen Apollo-Tempel zu einem Kloster umzubauen. In dieser Zeit schrieb Benedikt auch die Grundsätze des Zusammenlebens der Mönche, die Regeln nieder. Seiner Zwillingsschwester Scholastika richtete er am Fuße des Berges ein kleines Kloster ein, dem sie als Äbtissin vorstand. Nur einmal im Jahr trafen die Geschwister einander.

Aus den beiden Klöstern des Berges Montecassino entstanden die weltumspannenden Orden der Benediktiner und Benediktinerinnen.

Im Jahr 600 erhielten die Benediktiner von Papst Gregor dem Großen, der auch die Lebensgeschichte Benedikts nach Berichten einstiger Weggefährten des Heiligen niederschrieb, den Auftrag zur Missionierung der Angelsachsen.

Spätestens während der Regierungszeit Karls des Großen war die Benediktregel für die weitaus größte Zahl aller Klöster verbindlich geworden. Doch auch die so wohldurchdachte Regel konnte nicht verhindern, daß der Orden aufgrund von spirituellen Krisen mehrfach reformiert werden mußte. Die erste dieser Reformen war jene von Gorze (bei Metz) am Ende des 10. Jahrhunderts; ihr folgte jene von Cluny, die die Entstehung des Zisterzienserordens nach sich zog, und den Abschluß bildete am Anfang des 15. Jahrhunderts die »Melker Reform« (vgl. Melk). Noch einmal, in der zweiten Hälfte des 19. Jahrhunderts, entwickelte sich eine Bewegung, die sich an den Anfängen des Benediktinerordens orientierte, die jedoch ihren Ausdruck nicht in einer mehr oder minder umfassenden Reform, sondern im Entstehen einer speziellen Kongregation innerhalb des Ordens, der »Beuroner Kongregation«, fand (vgl. auch Seckau).

Die Regeln Benedikts fordern nicht nur die unbedingte Hingabe an Gott: »Christus soll nichts vorgezogen werden« (in der Praxis bedeutet das den Vorrang des feierlichen Chorgebets vor allen anderen Tätigkeiten), sie berücksichtigen auch in hohem Maße menschliche Schwächen, die in jeder Form menschlicher Gemeinschaft zutage treten können: »Der Abt suche mehr geliebt als gefürchtet zu werden«, und: »Wenn es mit einem Bruder einen Streit gibt, soll noch vor Sonnenuntergang wieder Friede sein.« Die benediktinischen Regeln sehen zudem eine natürliche Ausgewogenheit des Alltags der Mönche vor. Gottesdienst, Handarbeit, geistige Arbeit und Ruhepausen sind in ihrem Wechsel genau geregelt. »Die Brüder sollen sich zu bestimmten Zeiten mit Handarbeit, zu bestimmten Stunden dagegen mit heiliger Lesung beschäftigen.« Aus diesen Grundsätzen leitet sich auch die Parole des Ordens »Ora et labora« – »Bete und arbeite« ab.

Die österreichischen Benediktinerstifte:

Melk, Altenburg, Kremsmünster, Seckau, St. Paul im Lavanttal, St. Peter in Salzburg (siehe Bildteil).
Das Schottenstift in Wien: ältestes Kloster Wiens (1155), im 15. Jahrhundert von den irischen Mönchen, die es ursprünglich besiedelt hatten, verlassen und von Benediktinern aus Melk wiederbesiedelt.
Göttweig: 1083 als Augustiner-Chorherrenkloster gegründet, 1094 von Benediktinern aus St. Blasien besiedelt. Nach 1718 Errichtung einer monumentalen barocken Anlage durch Johann Lukas von Hildebrandt.
Seitenstetten: 1112 begründet, von Göttweig aus besiedelt. Im Barock Ausstattung durch erstrangige Künstler (Munggenast, Troger, Schmidt, Bergl).
Lambach: 1040 gegründet, seit 1056 Benediktinerabtei. Um- und Neubau im 17. und 18. Jahrhundert. In der Kirche bedeutende Fresken aus dem 11. Jahrhundert.
St. Lambrecht: 1076 gegründet. Gotische Hallenkirche, barocke Prunkräume (17. und 18. Jahrhundert).
Admont: 1074 gegründet. Basilika im Kern romanisch, berühmte Bibliothek (1770–1776).
Michaelbeuern: Ursprung der Mönchszelle bereits im 8. Jahrhundert. Romanische Basilika, Rokokosäle, Bibliothek.
Fiecht-St. Georgenberg: 950 gegründet; häufig verwüstet, Anfang des 18. Jahrhunderts neu erbaut.
Neben der alten Gründung Nonberg in Salzburg (siehe Bildteil) bestehen noch weitere, erst in unserem Jahrhundert gegründete Benediktinerinnenkonvente: *Bertholdstein, Steinerkirchen* und *Wien/Liebhartstalstraße.*

Die Zisterzienser

Im ostfranzösischen Benediktinerkloster Cluny, das 910 gestiftet worden war, entstand bereits kurz darauf eine große Reformbewegung, die, 927 vom zweiten Abt Odo ausgehend, eine strengere Anwendung der benediktinischen Regeln anstrebte. Diese Cluniazenser Reform hatte im 12. Jahrhundert bereits zweitausend Klöster erfaßt. Das Mutterkloster Cluny allerdings war mittlerweile zu immensem Reichtum gelangt; das Hauptgewicht wurde auf eine möglichst pompöse Gestaltung des Klosterlebens gelegt, in der weder für die vom heiligen Benedikt vorgeschriebene manuelle Arbeit noch für das Studium der Heiligen Schrift Zeit blieb. So war es unvermeidlich, daß sich eine Gegenbewegung formierte, die zu Armut, Askese und der bewährten Synthese aus Gebet und Arbeit zurückkehren wollte. Dreiundzwanzig Mönche und der bisherige Abt des Klosters Molesme, Robert, unternahmen es 1098 in der

Einöde von Cîteaux bei Dijon, das alte Mönchsideal in einem neuen Anlauf zu verwirklichen. Robert wurde zwar in sein Kloster zurückbefohlen, doch gestattete man die Weiterführung des Experiments. Innerhalb von nur vierzig Jahren entstanden nun 350 »neue Klöster«, sogenannte Zisterzen. Bereits 1112 war Bernhard von Fontaines, der zur Zentralfigur des neuen Ordens werden sollte, zusammen mit dreißig jungen Adeligen in das Kloster Cîteaux eingetreten. 1115 gründete er die Abtei Clairvaux, der er bis zu seinem Tod im Jahre 1153 als Abt vorstand. Allein von Clairvaux aus wurden 72 Niederlassungen gegründet. Der heilige Bernhard von Clairvaux, wie er nun hieß, war eine der führenden Persönlichkeiten seiner Zeit, Ratgeber von Königen und Päpsten. Bernhard selbst lebte in äußerster Askese und hielt nichts von der rein intellektuellen Erfassung des Wortes Gottes: »In den Wäldern wirst Du mehr finden als in den Büchern; die Bäume und die Felsen werden Dich Dinge lehren, die kein Meister Dir sagen kann.« Folgerichtig verbannten die Zisterzienser jeglichen Schmuck aus ihren Kirchen, um dem Armutsgedanken auch sichtbar Ausdruck zu geben. Arbeit und Fleiß, wie sie ihnen vorgeschrieben waren, ließen die Zisterzienser auf vielen Gebieten zu hervorragenden Fachleuten werden; aus diesem Grund und wegen der reichen Geschenke, die die Klöster – eben wegen der persönlichen Anspruchslosigkeit der Mönche – erhielten, stellte sich auch bei den Zisterziensern bald großer Reichtum ein.

Allerdings erlitt der Zisterzienserorden in den folgenden Jahrhunderten durch den Zustrom zu neuen Orden, durch Kriege und Reformation sowie durch staatliche Eingriffe (vor allem in Frankreich) große Einbußen. Im 17. Jahrhundert erfolgte ein allgemeiner Aufschwung der alten Orden, und nun hatten auch die Zisterzienser keine Bedenken mehr, ihre Kirchen und Klöster großzügig ausgestalten zu lassen.

Die österreichischen Zisterzienserstifte:

Heiligenkreuz, Zwettl, Wilhering, Rein, Stams (siehe Bildteil) und *Mehrerau.* Die Abtei Mehrerau in Vorarlberg nimmt in mancher Hinsicht eine Sonderstellung ein: Einerseits besitzt der »Abt von Wettingen (1841 aufgehobenes Stift im schweizerischen Aargau) und Prior von Mehrerau« für sein Gebiet die Rechte eines Bischofs, andererseits wird die seelsorgliche Tätigkeit – bedingt durch die Lage am Bodensee – in drei Ländern ausgeübt. Mehrerau gehört der schweizerischen Zisterzienserkongregation an.
Lilienfeld: 1202 gegründet, von Heiligenkreuz aus besiedelt. Kirche im Kern spätromanisch, Ausstattung barock. Größter Zisterzienser-Kreuzgang Österreichs.

Schlierbach: 1355 als Zisterzienserinnenstift gegründet; seit 1621 Zisterzienser. Kirche vom Ende des 17. Jahrhunderts mit überreichem Stuck.
Die beiden Zisterzienserinnenstifte sind Mariastern (schweizerische Kongregation) und *Marienkron:* 1957 im burgenländischen Mönchhof begründet. Kneipp-Kurhaus.

Die Augustiner-Chorherren

Der heilige Augustinus, einer der vier großen lateinischen Kirchenväter (Hieronymus, Leo, Ambrosius, Augustinus), wurde 354 in Nordafrika geboren und wirkte als Bischof von Hippo (Nordafrika), wo er mit anderen Klerikern in einer klosterähnlichen Gemeinschaft zusammenlebte. Für diese Kommunität verfaßte er eine Regel, die schon bald zum Vorbild wurde. Sie wurde 816 als »Aachener Regel« modifiziert, und die Lateransynode von 1059 machte die Augustinusregel verbindlich für die Priestergemeinschaften, die schon bisher nach dem Vorbild des Augustinus zusammengelebt hatten.
Bis 1088 war den Priestern Privatbesitz erlaubt, erst unter Papst Urban II. trennten sich die Säkularkanoniker von den »canonici regulares«, den Regularkanonikern oder Augustiner-Chorherren, die die Mönchsgelübde von Armut, Ehelosigkeit und Gehorsam übernommen hatten. Im 12. Jahrhundert verbreitete sich der Orden, dessen Hauptaufgabe von Anfang an in der Seelsorge bestanden hatte, über ganz Europa.

Die österreichischen Augustiner-Chorherrenstifte:

Klosterneuburg, St. Florian und Vorau (siehe Bildteil). Zur österreichischen Kongregation gehört außerdem das Kloster Neustift bei Brixen (Südtirol).
Herzogenburg: 1112 gegründet, Stiftsneubau ab 1714. In der Kirchenkuppel monumentales Fresko von Bartolomeo Altomonte.
Reichersberg: 1084 gegründet, Kirche von 1644 (Saalbau). Prunkräume vom Ende des 17. Jahrhunderts.
Augustiner-Chorfrauen leben im salzburgischen *Goldenstein.*

Die Prämonstratenser

1120 gründete Norbert von Gennep, Kanonikus von Xanten und später Erzbischof von Magdeburg, einen Reformorden der Augustiner-Chorherren, der seinen Namen vom ersten Kloster, das er in den Wäldern von Prémontré (bei Laon, Frankreich) gegründet hatte, erhielt. Im Todesjahr Norberts, 1134, umfaßte der Orden bereits 64 Männerklöster und 47 Frauenklöster. Die Bestimmung des Prämonstratenserordens lag, wie schon bei den Augustiner-Chorherren, in der Ausübung der Seelsorge. Auch der heilige Norbert von Xanten verband, auf seine Weise, die Kontemplation mit aktiver Tätigkeit. Neben der Seelsorge wurde auch die manuelle Arbeit nicht geringgeschätzt – eine Parallele zum Ordensgründer Benedikt. Norberts Nachfolger Hugo von Fosses schließlich gab dem Orden eine nach dem Vorbild der Zisterzienser geschaffene Verfassung.

Die österreichischen Prämonstratenserstifte:

Geras, Schlägl (siehe Bildteil) und *Wilten:* als Kloster der Legende nach um 860 vom Riesen Haymo begründet, als Prämonstratenserkloster 1138 gegründet. Kirche ab 1651 von Christoph Gumpp erbaut. Prämonstratenserinnen wirken in Österreich nicht mehr. Es existiert allerdings eine Kongregation der »Prämonstratenser-Schwestern vom Dritten Orden (= Orden ohne feierliche Gelübde) des heiligen Norbertus«.

Die Trappisten

Der Trappistenorden ist eine Abspaltung des Zisterzienserordens und entstand, als sich der Abt des Klosters La Trappe (Normandie), Armand-Jean le Bouthillier de Rancé, 1664 entschloß, in seinem Kloster den Zisterzienserorden in seiner ursprünglichen Strenge wiederherzustellen. Die Mönche wurden zu vegetarischer Kost und zu strengem Stillschweigen verpflichtet. Ihre Hauptaufgabe lag in der feierlichen Verrichtung des Chorgebetes; der – wie bei den Zisterziensern, doch unter zusätzlicher Einhaltung der nächtlichen Abschnitte des heiligen Offiziums – präzise geregelte Tagesablauf schließt auch Studium und manuelle Arbeit (ursprünglich meist Feldarbeit) ein. Seelsorgliche Tätigkeit ist in dem kontemplativen Orden nicht vorgesehen, doch müssen aufgrund des Priestermangels heute auch Trappisten in der Pfarrseelsorge aushelfen. Obwohl auch die Bestimmungen der Nachtgebete und des Stillschweigens gelockert wurden, zählt der Trappistenorden nach wie vor zu den strengsten noch existierenden Orden.

In Österreich besteht ein Trappistenkloster: Engelszell (siehe Bildteil).

Kremsmünster

»Tradidi quod potui« – ich gab, soviel ich konnte. So sprach Tassilo, Herzog der Bayern, der im Jahr 777 Kremsmünster gründete (»Ich habe das Kloster erbaut am Fluß genannt Krems zu Ehren des heiligen Erlösers«) und sehr reich ausstattete. Das Stift sollte mehreren Zwecken dienen: zum einen als Zentrum der Slawenmission, zum anderen als Stützpunkt der gefährdeten Herrschaft Tassilos und nicht zuletzt zur frommen Mehrung von des Herzogs Ruhm. Tassilo III. stammte aus dem Hause der Agilolfinger, die im 8. Jahrhundert in einem heftigen Konkurrenzkampf mit den Franken standen: Sie strebten nach Selbständigkeit, während die fränkischen Hausmeier und späteren Könige ihrerseits ihren Machtbereich erweitern wollten. Sieger blieben dabei die Franken. Tassilo, der Sohn Odilos, wurde zwar mit Bayern belehnt, erhielt jedoch gleichzeitig Pippin den Jüngeren aus dem fränkischen Geschlecht der Merowinger als Vormund. Mit der Krönung Pippins wurde seine Stellung entscheidend geschwächt. Zwar erfocht Tassilo 772 einen bedeutsamen Sieg über die Karantanen, doch im selben Jahr bezwang der Frankenkönig Karl (der Große) die Langobarden. 781 mußte sich auch Tassilo unterwerfen, erschien Karl jedoch noch immer zu mächtig; ein fränkisches Heer erzwang 787 die völlige Kapitulation Tassilos. Er wurde ein Jahr darauf angeklagt und mit seiner Familie schließlich in einem fränkischen Kloster, in Jumièges bei Rouen, gefangengehalten, wo er an einem 11. Dezember (das Todesjahr ist nicht bekannt) starb. Vor seiner Gefangennahme war es Tassilo noch gelungen, seinen Hausschatz in Kremsmünster in Sicherheit zu bringen: den Hochzeitskelch, der als Tassilokelch bekannt ist, und den zu zwei Kerzenleuchtern umgearbeiteten Ahnenstab. Der Kelch war 769 aus Anlaß der Hochzeit des Agilolfingers mit der langobardischen Prinzessin Liutpirc entstanden und wird bis zum heutigen Tage bei Abtwahlen als Urne und beim jährlichen Pontifikalrequiem am Todestag des Stifters (dem sogenannten Spendtag) als Meßkelch verwendet. Die ersten Mönche kamen vermutlich aus Mondsee nach Kremsmünster. (Das Kloster Mondsee war 748 von Odilo, Tassilos Vater, gegründet worden und ist damit nach St. Peter in Salzburg die zweitälteste Klostergründung Österreichs. 1791 wurde Stift Mondsee aufgehoben und nicht wieder besiedelt.) Diese ersten Mönche in Kremsmünster lebten noch nach der sogenannten »regula mixta«, einer Mischung von Regeln Benedikts und Kolumbans, zusammengestellt vom eigenen Abt. Die

Vorhergehende Seite: Blick vom Konventgarten auf die Stiftskirche. Im Vordergrund die meteorologische Station von Kremsmünster.
Rechts: Der barocke Fischkalter. Drei der fünf Wasserbecken wurden von Carlo Antonio Carlone erbaut, zwei von Jakob Prandtauer. Die Brunnenfiguren sind Werke von Andreas Götzinger und Johann Baptist Spaz.

»regula Benedicti« setzte sich erst nach 800 als verbindlich für die nun als Benediktiner anzusprechenden Klostergemeinschaften durch. Noch unter den Karolingern prosperierte Kremsmünster. Im 10. Jahrhundert wurde die Abtei Eigenkloster der Passauer Bischöfe. Um 1300 erblühte die Schreibschule, die romanische Stiftskirche war im wesentlichen 1277 vollendet worden. Im 15. Jahrhundert schloß sich Kremsmünster der Melker Reform an. Diese »Melker Observanz« war in einer Zeit großer politischer und geistiger Wirren, die auch vor den Klöstern nicht haltmachten, in Stift Melk formuliert worden und sollte das Ordensleben in Anlehnung an die Reform von Cluny neu beleben. Zwischen 1644 und 1759 erhielt das Stift sein heutiges Aussehen. Die Kirche wurde barockisiert, die beiden Höfe mit ihren Trakten entstanden, ebenso der berühmte Fischbehälter und die Sternwarte.
Während der Regierungszeit Josefs II. wurde Kremsmünster zwar nicht aufgehoben; eine neue Blütezeit erlebte das Stift jedoch erst wieder nach 1848. Damals war das öffentliche Stiftsgymnasium, das bereits 1549 gegründet worden war, zu einer der angesehensten Schulen der Monarchie avanciert; Adalbert Stifter war von 1818 bis 1826 einer der Schüler gewesen.
Der Erste Weltkrieg und die nachfolgende Inflation brachten große finanzielle Schwierigkeiten für

Links: Der Wassergraben trennt die Wirtschaftsgebäude (links) von den eigentlichen Stiftsgebäuden.
Rechts: Der Mathematische Turm, auch Sternwarte genannt, 1748 bis 1758 errichtet, gilt mit seiner Höhe von 50 Metern als erstes Hochhaus Europas.

Kremsmünster mit sich, und zwischen 1941 und 1945, in der Zeit der deutschen Okkupation, war das Stift – zum erstenmal in seiner Geschichte – aufgehoben. Nach dem Krieg lebte Kremsmünster jedoch rasch wieder auf; 1977 wurde es anläßlich seiner 1200-Jahr-Feier vollständig renoviert.

An der Stelle der heutigen *Stiftskirche* befand sich seit dem Gründungsjahr eine Reihe von Kirchenbauten. Die früheste datierbare Kirche war ein frühromanischer Bau, 1082 geweiht, der jedoch durch mehrere Brände so unbrauchbar gemacht wurde, daß man Mitte des 13. Jahrhunderts begann, einen Neubau aufzuführen. Vom zuerst entstandenen Presbyterium kann man heute noch von außen – vom Konventgarten oder von der Sternwarte aus – das Polygon mit den Rundbogenfenstern und den darüberliegenden Oculi (kreisrunden

Fensteröffnungen) deutlich erkennen, ebenso die beiden anschließenden Apsiden. Das Langhaus wurde Ende des 14. Jahrhunderts vollendet – rechtzeitig zum 500jährigen Jubiläum des Stiftes (1277). Weitere hundert Jahre dauerte es, bis das Westwerk mit den beiden Türmen vollendet war.

Diese dreischiffige mittelalterliche Kirche blieb erhalten, wurde jedoch umfassend barockisiert. Das Gotteshaus hat ein interessantes Doppelpatrozinium: es ist dem Göttlichen Heiland und dem heiligen Agapitus geweiht, einem selten verehrten Heiligen, 274 in der Nähe Roms enthauptet; seine Reliquien kamen zunächst nach Rom und am Ende des 9. Jahrhunderts nach Kremsmünster.

Links: Detail aus dem Kaisersaal. Die Porträts der römisch-deutschen Kaiser stammen von Martin Altomonte, der Stuck von Diego Francesco Carlone. Rechts: Detail des Brückenturmes, vom Prälatenhof aus gesehen. Der Brückenturm stammt im Kern aus dem 14. Jahrhundert.

Die Barockisierung des Gotteshauses begann 1614, als Marx Martin Spaz die Seitenapsiden neu erbaute und die Kirchtürme mit Zwiebelhelmen versah. Die entscheidende Veränderung fand jedoch erst 1680 bis 1682 statt, als Giovanni Battista Barberini und Giovanni Battista Colomba das Kircheninnere völlig neu gestalteten. Es ist seither vor allem durch die reiche Stuckdekoration geprägt. Die *Fresken* in den Stuckrahmen stammen von den Brüdern Michael Christoph, Michael Georg, Lorenz und Johann Grabenberger. Dargestellt sind im Mittelschiff Szenen aus dem Leben Jesu, in den Seitenschiffen aus dem Alten Testament.
Das *Hochaltarbild,* ein Werk des Münchner Hofmalers Johann Andreas Wolf, wurde 1712 vollendet und stellt die Verklärung Jesu dar. Die Engelsfiguren, die den vergoldeten Kupferrahmen halten, stammen von Josef Anton Pfaffinger. Aus demselben Material wie der Rahmen wurde der schöne Tabernakel gefertigt, wahrscheinlich nach einem Entwurf Jakob Prandtauers.

An den Seitenaltären stechen besonders die vom Gmundner Bildhauer Michael Zürn geschaffenen, dramatisch bewegten Marmorengel hervor. Besondere Beachtung verdient die *Marienkapelle* im rechten Seitenschiff, entstanden in den Jahren 1676 bis 1677 anstelle der mittelalterlichen Marienkapelle vom Anfang des 13. Jahrhunderts. Carlo Antonio Carlone schuf aus Anlaß des 900jährigen Stiftsjubiläums einen einschiffigen, dreijochigen Raum, der ebenfalls stuckiert und mit Fresken – von Johann Benedikt Dallinger – geschmückt ist. Von der ursprünglichen barocken Einrichtung blieb allerdings nur das Hochaltarbild erhalten, ein Werk des Engländers Franz von Hamilton. Der Altaraufbau ist klassizistisch.

Links: Detail aus dem Kaisersaal; »Plus ultra« (immer weiter) war der Wahlspruch Kaiser Karls V.
Rechts: Der Prälatenhof, der als »frühbarocker Festsaal unter freiem Himmel« konzipiert wurde.

Im Erdgeschoß des Südturmes (»Läuthaus«) befindet sich heute das »*Gunthergrab*«. Die Gründungssage berichtet, daß Gunther, ein Sohn Tassilos, auf der Jagd von einem Eber getötet worden sei. Gunthers treuer Jagdhund habe den Vater zur Stelle des Unglücks geführt, und dieser habe gelobt, dort ein Kloster zu errichten. Das Hochgrab Gunthers war 1304 ursprünglich in der Gruft vor dem Hochaltar aufgestellt worden und wurde erst 1948 an die heutige Stelle transferiert. Dargestellt sind Gunther, der Hund und der Eber als vollplastische Figuren aus Nagelfluh, einem Sandstein aus der Umgebung Kremsmünsters.
Der Kirchenraum bezieht seine besondere Wirkung nicht zuletzt von Baldachinen aus rotem Damast, welche die verschiedenen Altäre optisch aneinanderbinden, und von den flämischen Bildteppichen, die an den Pfeilern des Mittelschiffes angebracht sind. Diese Gobelins stellen die Geschichte des ägyptischen Josef dar; sie wurden 1551 angefertigt und 1720 für Kremsmünster angekauft.
Die *Klosteranlage* mit insgesamt sechs Höfen betritt man durch das von Jakob Prandtauer entworfene »Eichentor«. In den rechten Trakten des nun sichtbaren »Äußeren Stiftshofes« befanden sich einst die

Schmiede und die klösterlichen Werkstätten; heute ist dort unter anderem die Stiftstaverne untergebracht. Durch den linken Trakt – den ehemaligen Meierhof – führt der Weg zu dem barocken *Fischkalter*, der noch heute der Fischzucht dient. Drei der fünf Becken wurden 1690 bis 1692 von Carlo Antonio Carlone erbaut, zwei weitere von Jakob Prandtauer 1717. In der Mitte der Becken stehen Brunnenfiguren, die Samson, David, Neptun, Triton, Petrus und den heiligen Tobias darstellen, Werke von Andreas Götzinger und Johann Baptist Spaz.

Der Weg in den »Inneren Stiftshof« führt über eine Brücke und einen Wassergraben – Teile der ehemaligen Verteidigungsanlage – und schließlich durch das 1667 errichtete Brückentor. Der *Brückenturm* ist wesentlich älter: er wurde 1346 bis 1349 erbaut, erhielt seine heutige Gestalt allerdings Mitte des 18. Jahrhunderts. Über dem Marmorportal befindet sich das Stiftswappen, darüber drei Statuen: Sie stellen Tassilo, Karl den Großen und Heinrich den Heiligen dar, der das Stift nach den Ungarneinfällen wiederhergestellt hatte. Im Wappen findet sich neben dem Eber und dem

Hund als Hinweis auf die Gründungssage auch ein Rind, das an den »Spendtag«, den Todestag des Stifters, erinnert. An diesem Tag wurde nämlich bis 1773 jeder Besucher mit einem halben Pfund Rindfleisch und einem Laib Brot beschenkt. Bis zu 30.000 Menschen wurden gespeist, hundert Ochsen dafür geschlachtet.
Die vier Trakte des »Inneren Stiftshofes« oder »Prälatenhofes« entstanden zwischen 1601 und 1745. Drei dieser Trakte sind heute Teil des Gymnasiums; im Südtrakt befinden sich die Repräsentationsräume der Abtei und die Kunstsammlungen. Der *Kaisersaal*, ein eindrucksvoller barocker Festsaal, wurde 1694 nach Plänen von Carlo Antonio Carlone errichtet. Zwei Jahre später malte Melchior Steidl das riesige Deckenfresko. Es stellt Apollo im Sonnenwagen dar, eine im Barock sehr

Links: Die Bibliothek enthält 150.000 Bände, der Saal ist 65 Meter lang. Die künstlerische Ausstattung stammt vom Ende des 17. Jahrhunderts.
Rechts: Blick in das rechte Seitenschiff der Stiftskirche, die, im Kern mittelalterlich, 1680 bis 1682 umfassend barockisiert wurde.

beliebte Metapher für Machtfülle und fürstliches Selbstverständnis. Der Wandstuck wurde erst 1719 von Diego Francesco Carlone geschaffen, in die Stuckrahmen sind Porträts der römisch-deutschen Kaiser eingelassen, Werke Martin Altomontes von 1721.
Vor dem Kaisersaal befindet sich das *Kaiserzimmer,* geschmückt mit Gobelins des 17. Jahrhunderts, welche die Geschichte des Sultans Bayesid als Gefangener des Timur Lenk darstellen.

Links: Das mineralogische Kabinett im Mathematischen Turm.
Rechts: Wasserspeier am Prälatentrakt, von Peter Seyrl um 1670 geschaffen.

Die *Gemäldesammlung* umfaßt Werke des 16. bis 19. Jahrhunderts; in der *Rüstkammer* befinden sich zahlreiche Trophäen aus dem Türkenkrieg von 1683. Im sogenannten »*Zimelienraum*« schließlich sind der Tassilokelch, die Tassiloleuchter und der »Codex Millenarius«, jene Evangelienhandschrift aus dem 8. Jahrhundert, auf die die Konventualen heute noch bei Abtwahlen den Wahleid ablegen, aufbewahrt.
Die 65 Meter lange Saalflucht der *Bibliothek* enthält rund 150.000 Bände, darunter 400 Handschriften und rund 800 Inkunabeln. Die Fresken sind teilweise das Werk von Laienbrüdern, teilweise wurden sie von Antonio Galliardi und von Melchior Steidl geschaffen. Die Bücherschränke stammen von Balthasar Melber und Urban Remele, der die Schnitzarbeiten der Füllungen beitrug; die Stuckdekorationen schuf Girolamo Alfieri im Jahre 1684.

Bemerkenswerte Sammlungen enthält auch die *Sternwarte,* die schon allein als architektonisches Kuriosum große Beachtung verdient. Der fast modern wirkende vielstöckige Bau, der als erstes Hochhaus Europas gilt, wurde 1748 bis 1758 errichtet: Im Inneren wird ungeachtet des wissenschaftlichen Zweckes auch ein theologisches Programm erkennbar. Streng hierarchisch ansteigend ist die Ordnung der geschaffenen Dinge dargestellt: von Geologie und Paläontologie bis zur Astronomie und der durch eine kleine Kapelle manifestierten Theologie. Der 50 Meter hohe »Mathematische Turm« – so die ursprüngliche Bezeichnung – dient heute zwar musealen Zwecken, die meteorologischen Aufzeichnungen werden jedoch seit dem 18. Jahrhundert fortgeführt und sind die frühesten systematischen Aufzeichnungen Österreichs.
Östlich der Sternwarte finden sich einige bemerkenswerte, aber nicht zugängliche Bauwerke. Die sogenannte *Moschee,* ein orientalisch anmutender Pavillon mit achteckigem kuppelgewölbtem Mittelraum, der von einem Arkadengang umgeben ist, wurde 1640 bis 1641 von Donato Felice d'Allio erbaut.

Nördlich des Stiftes liegt ein 1606 bis 1607 von Franz Silva errichteter, arkadenumrahmter *Fischbehälter.* Im westlichen Teil dieser Arkaden befindet sich eine Grotte mit einer Skulptur, den toten Gunther darstellend, von Johann Baptist Spaz d. Ä.

Auf einem Hügel nahe dem Stift schließlich erhebt sich in malerischer Umgebung eine barocke *Kalvarienbergkirche,* 1736 bis 1737 von Wolfgang Seethaler erbaut, mit qualitätvollen Fresken W. A. Heindls.

Dem Stift Kremsmünster sind 26 Pfarren inkorporiert; im renommierten Gymnasium studieren etwa 300 Schüler und mittlerweile auch Schülerinnen. Wirtschaftliche Grundlage des Stiftes ist vor allem die Forstwirtschaft.

Der Konvent umfaßt derzeit 75 Vollprofessen, deren Hauptaugenmerk der Seelsorge gilt. Das drückt sich auch in der Tatsache aus, daß in Brasilien eine Seelsorgestation gegründet wurde, deren Pfarrer 1980 zum Bischof der neugegründeten Diözese Barreiras ernannt wurde.

Altenburg

Hildburg, »nobilissima domina«, Witwe Gebhards von Poigen, gründete zu Beginn des 12. Jahrhunderts auf ihrem Altenburger Besitz eine »cella«, ein Mönchskloster nach der Regel des heiligen Benedikt. Das genaue Gründungsdatum ist nicht überliefert, doch übergab Hildburg 1144, kurz vor ihrem Tod im selben Jahr, das Kloster dem Passauer Bischof Reginbert, der eine Bestätigungs- und Schutzurkunde ausstellte, welche erhalten geblieben ist. Die Neugründung wurde vom steirischen St. Lambrecht aus besiedelt, und so lautete der ursprüngliche Name der bescheidenen Mönchszelle auch »St. Lambrecht zu Altenburg«. Vom ersten romanischen Kirchen- und Klosterbau ist außer einem einzigen Fenster des alten Kapitelzimmers keine Bausubstanz erhalten geblieben.

Bereits 1265 wies diese erste Klosterkirche starke Schäden auf, so daß der Konvent durch Ablaßbriefe die Finanzierung eines neuen Kirchenbaues zu sichern suchte. In der zweiten Hälfte des 13. Jahrhunderts wurden nicht nur eine neue Klosterkirche, sondern offensichtlich auch weitere Klosterräume erbaut. Von diesen gotischen Bauten blieben ruinenhafte Reste erhalten: Teile des Abthauses mit der dazugehörigen Kapelle, der Kapitelsaal und das Auditorium sowie geringe Reste des Kreuzganges, des »neuen« Refektoriums und der Dormitoriumsstiege. Auch ist an der Apsis der Stiftskirche noch deutlich zu erkennen, daß dem gotischen Chorabschluß eine barocke Schaufassade vorgeblendet wurde.

Im 14. Jahrhundert erhielt das Kloster bedeutende Schenkungen der Grafen von Gars und Maissau. Eine Klosterschule, ein Klosterspital und eine Schreibstube waren entstanden, und trotz der Kumaneneinfälle (Kumanen: Nomaden aus dem asiatischen Raum) prosperierte das Kloster. Gänzlich anders war die Situation im beginnenden 15. Jahrhundert: Überfälle der Hussiten aus dem benachbarten Böhmen und Mähren fügten Kloster und Kirche sowie den zu betreuenden Pfarrkirchen der Umgebung schwerste Schäden zu. Der in den folgenden Jahren sofort in Angriff genommene Wiederaufbau brachte das Stift an den Rand des Ruins, obwohl die neuen Bauten nur mit sparsamsten Mitteln ausgeführt wurden.

Vorhergehende Seite: Blick auf den sogenannten Johannishof mit Gästetrakt. Im Hintergrund der Turm der Stiftskirche, im Vordergrund eine Sphinx, eine der zahlreichen Skulpturen Franz Leopold Farmachers.
Rechts: Stiftskirche, Blick auf die Orgel, ein Werk Anton Pflieglers aus dem Jahr 1774.

Im 16. Jahrhundert erlebte Stift Altenburg, wie viele andere Stifte, einen Tiefpunkt, bedingt durch Protestantismus (vgl. auch Geras), Bauernaufstände und Vermögensabgaben aufgrund der Türkenkriege. 1583 waren diese Probleme anscheinend überwunden; der damalige Abt, Kaspar Hofmann, konnte an Restaurierungsarbeiten und auch an bauliche Erweiterungen denken. Im besonderen wurde unter diesem Abt und seinen unmittelbaren Nachfolgern das Stift mit einer starken Festungsmauer umgeben, Waffen wurden angeschafft, die Patres und Brüder einer militärischen Schulung unterzogen. All diese Maßnahmen konnten jedoch nicht die Eroberung des Stiftes durch die »Horner Stände« im Jahre 1619 verhindern. Im Zuge des beständigen Tauziehens zwischen Anhängern der Reformation und des Katholizismus, also der Gegenreformation, waren 1608 in Horn, einer Hochburg des Protestantismus, die protestantischen Stände, die auf ihre konfessionellen Rechte pochten, zusammengetreten. 1619 rückten protestantische Truppen aus Böhmen und Mähren in Niederösterreich ein und drangen bis Fischamend vor. Verhandlungen mit Ferdinand von Steiermark, der nach dem Tod von Kaiser Matthias die Führung des Hauses Österreich übernommen hatte und als kompromißloser Gegenreformator galt, scheiterten. Ferdinand wurde noch im selben Jahr zum Kaiser gewählt und errang 1620 in der Schlacht am »Weißen Berg« bei Prag den entscheidenden Sieg über die protestantischen Heere.

Stift Altenburg blieb auch weiterhin von Gefahr und Ruin nicht verschont. 1645 fielen die Schweden im nördlichen Niederösterreich ein. 1648 war der Konvent auf neun Mitglieder zusammengeschrumpft; ein Benediktiner aus Melk wurde zum Abt bestellt. Diese Bestellung sollte sich als sehr segensreich erweisen, denn Benedikt Leiß entschied, die weitgehend zerstörten alten

Gebäude nicht wieder aufzubauen. Unter seiner Führung und unter der seiner Nachfolger, Maurus Boxler und Placidus Much – alle waren auch ausgezeichnete Ökonomen und schufen so die Voraussetzungen für den Neubau –, formte sich nun der barocke Klosterkomplex, für den erstrangige Künstler verpflichtet wurden. Maurus Boxler war auch der Begründer der philosophisch-theologischen Hauslehranstalt, die bis zu ihrer Aufhebung durch Josef II. bestand. (Das Stift selbst blieb von der Aufhebung verschont.) Boxler erweiterte auch die Bibliothek und rettete die noch vorhandenen Handschriften und Inkunabeln, indem er sie zu rund 2.500 Bänden binden ließ.

Links: Blick auf die Klosteranlage von der Straßenauffahrt her.
Rechts: Die prunkvolle Feststiege führt zu den Marmor- und Kaiserzimmern. Sie wird bekrönt von einem Fresko Paul Trogers, die »Harmonie zwischen Religion und Wissenschaft« darstellend.

Der zweite Nachfolger Boxlers, Placidus Much, bestimmte, mehr als alle anderen Äbte, während seiner langen Regierungszeit die äußere Form des Stiftes. Von ihm wurden Josef Munggenast als Planer und ausführender Baumeister und Paul Troger als Meister aller wesentlichen Fresken des Stiftes unter Vertrag genommen.

1797 war im Stift ein Militärspital untergebracht, 1799 russische Hilfstruppen; 1809 wurde das Kloster von den Franzosen besetzt, und 1866, während des preußisch-österreichischen Krieges, mußte es als preußisches Choleraspital dienen. Nach 1848 schließlich setzte nach dem Wegfall der Grundherrschaft eine intensivere Bewirtschaftung der klostereigenen Gründe ein, und der gesamte Kaisertrakt wurde zum Schüttkasten »degradiert«, was 1885 Erzherzog Rainer anläßlich eines Besuches zu der Bemerkung veranlaßte, Stift Altenburg habe den schönsten Schüttboden der Monarchie.

Links: Detail aus der Feststiege.
Rechts: Großes Kuppelfresko Paul Trogers in der Stiftskirche. In dem 1733 entstandenen Meisterwerk sind Visionen des heiligen Johannes aus der Geheimen Offenbarung dargestellt.

1940 wurde im Stift ein Umsiedlerlager eingerichtet, 1941 folgte die Enteignung, und noch nach 1945 dienten die Räume als Kaserne der Sowjetarmee. In dieser Zeit ging etwa die Hälfte der Kunstschätze verloren.
1946 räumten die Besatzungstruppen Stift Altenburg. Die danach einsetzenden Renovierungsarbeiten waren sehr umfangreich und fanden 1973 mit der Sanierung der so lange Zeit widmungsfremd verwendeten Sala terrena des Kaisertraktes ihren Abschluß.

Die weitläufige Klosteranlage von Altenburg betritt man durch eine Allee von Sphingen und allegorischen Gestalten. Auch auf den Giebeln werden bereits solche allegorischen Figuren – etwa »die Verschwendung« oder »die Sparsamkeit« – sichtbar, alles Werke des Eggenburger Meisters Franz Leopold Farmacher. Die *Eingangshalle,*

heute ein beschwingter barocker Raum, wurde anstelle eines Gewölbes mit einem wuchtigen Turm, Teil der Befestigungsanlage des 16. Jahrhunderts, erbaut. Über dieser Torhalle befindet sich der Festsaal mit Stuckarbeiten von Johann Georg Hoppl und mit Fresken der Troger-Schule. Das Deckenfresko zeigt die im Barock so beliebte metaphorische Darstellung »Apoll auf dem Himmelswagen«.
Im Prälatenhof wird bereits die Fassade der *Stiftskirche* St. Lambert sichtbar. Munggenast griff dabei zu einer eigenwilligen Lösung, da er auf den Grundmauern der gotischen Kirche aufbaute: die Turmfassade der Kirche wird mit dem östlichen Mittelrisalit des Hofes zu einer Einheit. Der westliche Risalit ist hingegen mit auffälligen Figuren Farmachers geschmückt, die den Glauben, die Hoffnung und die Liebe darstellen.

Links: Eine der zahlreichen allegorischen Figuren, die Franz Leopold Farmacher für Stift Altenburg geschaffen hat.
Rechts: Marmorrelief an der Feststiege.

Die ovale Kuppel der Kirche wird zur Gänze von einem Fresko Paul Trogers von 1733 beherrscht. Das Thema des gewaltigen, auch in der expressiven, für Troger so typischen Farbgebung eindrucksvollen Freskos sind Visionen aus der Geheimen Offenbarung des Johannes: »Das Weib, bekleidet mit der Sonne« und »Ein anderes Zeichen, ein großer Drache«. Die Fresken über dem Chorgestühl (abermals eine Szene aus der Geheimen Offenbarung), in der Kuppel über dem Hochaltar (»Der Weg der Menschenseele zur Kirche«) und über dem Musikchor (»Die Übertragung der Bundeslade«) stammen ebenfalls von Troger.

Der *Hochaltar* ist ein Werk Franz Holzingers, der auch die Plastiken der sechs Seitenaltäre und den Stuck für den gesamten Kirchenraum schuf. Die Altarblätter des Hauptaltars sowie zweier Nebenaltäre stammen von Paul Troger, die Gemälde zweier weiterer Nebenaltäre schuf Johann Georg Schmidt (der »Wiener Schmidt«). Die große Orgel ist ein Werk des Anton Pfliegler aus dem Jahr 1773.

Im Kaisertrakt, nördlich der Kirche, befinden sich die Marmor- und Kaiserzimmer, die Feststiege mit dem großen Fresko Trogers und die Sala terrena mit überaus interessanten allegorischen Fresken. Diese *Sala terrena* wird seit ihrer Wiederherstellung im Jahre 1973 für Ausstellungen genützt. Das Programm der insgesamt vier Säle ist die »Darstellung des Wassers«.

Von der *Veitskapelle,* dem alten Aufbahrungsraum des Stiftes, steigt der Betrachter gleichsam unter das Wasser und wird in dem schmalen Abgang durch Harlekin, der sich auf dem Meeresboden befindet, begrüßt. Der erste Saal ist von Tritonen, Silenen, Nymphen und Delphinen erfüllt, an der Decke sind die vier Jahreszeiten dargestellt. Der zweite Saal schildert das Wasser als Quelle des Lebens, während im dritten Saal das Wasser als Quelle der Reinheit dargestellt ist. Dazwischen befindet sich eine kleine Grotte mit einer Figurengruppe Jakob Schletterers: Leda mit dem Schwan. Im vierten Saal schließlich erheben sich Harlekine und eine Reihe weiterer Figuren aus der Commedia dell'arte

wie Pantalone und Columbine in chinesischen Landschaften auf bunten Vögeln in die Lüfte. Die Säle dokumentieren sehr schön jene Neigung zum Grotesken, welche in der Renaissance ihren Anfang nahm, als Maler und Zeichner »Grotten«, verschüttete Säle römischer Villen und Thermen, abbildeten und schließlich zu künstlichen Ruinenlandschaften überhöhten. Diese Mode hielt auch in der gesamten Epoche des Barock an. Seit dem Ende des 17. Jahrhunderts waren auch Chinoiserien auf Möbeln, Wandtäfelungen oder eben auch Fresken, wie hier in Altenburg, überaus beliebt. In das erste Geschoß des Kaisertraktes führt die *Feststiege,* die von einem 1738 entstandenen Deckenfresko Paul Trogers »Harmonie zwischen Religion und Wissenschaft« gekrönt wird. Das Meisterwerk mit einer Vielzahl allegorischer Gruppen

»Harlekin steigt auf den Meeresboden hinab«: Treppenabgang zur Sala terrena, deren Räume zur Gänze mit Groteskmalereien der Troger-Schule geschmückt sind.
Rechts: Wandgemälde im vierten Raum der Sala terrena.

und reicher Scheinarchitektur entstand in einem Zeitraum von weniger als vier Monaten. Mitarbeiter Trogers war vermutlich Johann Jakob Zeiller, von dem auch das Fresko in der Vorhalle der Bibliothek stammt und auf den hier das vegetabile Dekor – Blumen und Blütengehänge in Vasen – hindeutet.

Die *Marmorzimmer*, nach dem Kunstmarmor an Wänden und Gesimsen so genannt, schließen an die *Kaiserzimmer* an, in denen heute das 1961 gegründete Altenburger Sängerknabenkonvikt untergebracht ist.

Im Süden des Osttraktes befindet sich der *Bibliothekskomplex*. Die Bibliotheksvorhalle ist mit Fresken Johann Jakob Zeillers geschmückt, die vier Jahreszeiten, die vier Elemente, die Temperamente, die Zeit und die Kunst darstellend. Die Bibliothek selbst ist ein in seiner Wirkung auf das subtilste berechneter Raum, farblich bestimmt vom intensiven Blau der Säulen, das in Supraporten, Bodenfliesen und vielen anderen Details stets wiederkehrt; ergänzt vom warmen Rot der Gesimse und vom Weiß des Deckenstucks. Die Deckenfresken

Trogers entstanden 1742. In den drei Kuppeln sind die vier klassischen wissenschaftlichen Disziplinen sowie – in der Hauptkuppel – der Besuch der Königin von Saba bei Salomon dargestellt. Die Bibliothek von Altenburg wird als der Höhepunkt der Zusammenarbeit von Munggenast und Troger, darüber hinaus als einer der bedeutendsten barocken Räume Österreichs angesehen.

Von der bereits erwähnten Vorhalle gelangt man nicht nur in die lichterfüllte Bibliothek, sondern auch zu ihrem programmatischen Widerpart: der *Krypta.* Dieser als »Memento mori« konzipierte Raum ist zur Gänze mit grotesken Malereien der Troger-Schule ausgeschmückt. Neben Drachen, Fabelwesen, Blumen und Meerestieren wird immer wieder die Gestalt des Todes zitiert.

Ist die Nordseite der Klosteranlage durch die Allee und die insgesamt fünf Höfe stark aufgelockert, so präsentiert sich die Ostfront am Steilabfall zum Kamp als geschlossene, mehr als 200 Meter lange Fassade, die nur von der zum Mittelrisalit umgestalteten Apsis der Kirche unterbrochen wird.

Dem Stift sind sechs Pfarren inkorporiert, darunter die bekannte Wallfahrtskirche Maria Dreieichen, deren Errichtung auf den bereits erwähnten Altenburger Abt Placidus Much zurückgeht. Das Stift entfaltet auch reiche kulturelle Aktivitäten (Ausstellungen, Konzerte, Sängerknaben etc.) Die wirtschaftliche Grundlage bilden land- und forstwirtschaftliche Güter.

Der Konvent der Altenburger Benediktiner besteht derzeit aus vierzehn Mitgliedern.

Melk

Im Jahre 976 errichtete der erste österreichische Markgraf aus dem Geschlecht der Babenberger, Leopold I., auf der markanten Terrasse über der Donau, auf der sich heute das Benediktinerstift Melk befindet, seine Residenz. Von diesem Bau, ebenso wie von dem bald eingerichteten Weltpriester-Kanonikat, haben sich keine Spuren erhalten.
Rund hundert Jahre lang residierten die Babenberger in Melk, ehe ihr Sitz zunächst nach Klosterneuburg verlegt wurde (vgl. Stift Klosterneuburg). Einige dieser frühen Babenberger wurden in Melk beigesetzt – bis heute existiert dort ein Babenbergergrab, das in seiner jetzigen Form aus der Barockzeit stammt.
Durch moderne Untersuchungsmethoden konnten einige der Skelette eindeutig zugeordnet werden. Markgraf Leopold II. (1075–1095) hatte sich offenbar entschlossen, Melk in ein Kloster umzuwandeln; jedenfalls zogen 1089 Benediktinermönche aus Stift Lambach feierlich in Melk ein. Zwar hat sich das Exemplar der Benediktusregel, das die Mönche damals aus Lambach mitbrachten, erhalten, eine Stiftungsurkunde fehlt jedoch. Daher sind auch die Besitzverhältnisse erst ab dem frühen 12. Jahrhundert bekannt. Jedenfalls hatte das Stift, vermutlich schon die erwähnte Weltpriestervereinigung, von den Babenbergern Schenkungen erhalten. Bereits 1160 ist eine Klosterschule nachweisbar, ab dem Anfang des 13. Jahrhunderts eine Schreibstube. 1297 traf das Kloster ein verheerender Brand, der Kloster, Kirche und alle Nebengebäude vernichtete. Von diesem Schlag konnte sich Stift Melk nur sehr langsam und nur durch massive Unterstützung in Form von Schenkungen und Steuernachlässen erholen, doch waren die Lebensbedingungen in dem nur notdürftig wiederhergestellten Kloster recht schlecht. Ende des 14. Jahrhunderts war das Stift nicht nur hoch verschuldet, auch die klösterliche Moral war auf einem Tiefpunkt angelangt. Da die Zustände in Melk nur ein Spiegelbild der allgemeinen damaligen Situation bildeten, wurde auf dem Konzil von Konstanz im Jahr 1414 der Beschluß gefaßt, die österreichischen Benediktinerklöster zu refor-

Vorhergehende Seite: Blick auf die Westfassade der Stiftskirche von der Altane aus.
Rechts: Blick von der Orangerie auf die Klosteranlage. Im Hintergrund sind sowohl die Türme als auch die Vierungskuppel der Kirche zu erkennen.

mieren. Melk wurde dazu als Ausgangspunkt erkoren, die Durchführung der als »Melker Reform« in die Geschichte eingegangenen Neuorientierung Nikolaus Seyringer übertragen, der gebürtiger Österreicher war, aber bis zu diesem Zeitpunkt im Kloster Subiaco bei Rom gelebt hatte. Von dort kam er nach Konstanz und wurde zum Abt von Melk bestellt.

In Melk selbst setzte nun eine rege wissenschaftliche Tätigkeit ein, doch eine wirtschaftliche Sanierung gelang noch nicht. Immerhin konnte die teilweise neuerbaute Klosterkirche 1429 geweiht werden. Im 16. Jahrhundert brach durch den rasch vordringenden Protestantismus wie auch durch die empfindlichen Abgaben für die Türkenkriege der durch die Melker Reform eingeleitete Aufschwung monastischen Lebens zusammen; 1566 betrug der Gesamtstand an Konventualen nur acht Personen.

Im Zuge der Gegenreformation gelang es Abt Urban Perntaz, der 1564 aus Seitenstetten postuliert worden war, eine wirtschaftliche und geistige Konsolidierung einzuleiten, die von seinen Nachfolgern weitergeführt wurde. Zwar scheiterte der um 1630 unternommene

Versuch einer zweiten Melker Reform, doch wurde damals die österreichische Benediktinerkongregation begründet, deren Statuten auf den Melker »Cosuetudines«, jener von Abt Seyringer verfaßten Ergänzung der Benediktusregel, basieren.
Im Jahr 1700 wurde der damals erst dreißigjährige Berthold Dietmayr zum Abt gewählt, der der große barocke Bauherr des Stiftes werden sollte. Schrittweise wurde nun die monumentale Anlage, die bis heute erhalten ist, errichtet. Geplant wurde dieses architektonische Kunstwerk von Jakob Prandtauer,

Links: Blick in die Vierungskuppel der Kirche. Die 64 Meter hoch aufragende Kuppel wurde 1717 von Johann Michael Rottmayr mit Fresken ausgestattet.
Rechts: Blick vom Langhaus zum Hochaltar. Die Gestaltung des Kirchenraumes geht im wesentlichen auf Antonio Beduzzi zurück.

der die Arbeiten bis zu seinem Tod auch leitete; die Fertigstellung wurde seinem Schüler Josef Munggenast übertragen. Für die Ausgestaltung der entstandenen Räume verpflichtete man die hervorragendsten Künstler der Zeit: Johann Michael Rottmayr, Paul Troger, Johann Bergl, Lorenzo Mattielli, Antonio Beduzzi.
Teile des eben fertiggestellten Komplexes brannten 1738 nieder und mußten unter großem Aufwand wiederhergestellt beziehungsweise neu errichtet werden. So konnte die Klosterkirche (St. Peter und Paul) erst 1746 geweiht werden. Im

Links: In den barocken Orgelprospekt wurde 1970 ein Werk des Orgelbauers G. Hradetzky eingesetzt.
Rechts: Deckenfresko des Langhauses von Johann Michael Rottmayr. 1722 vollendet, zeigt es den Triumph des heiligen Benedikt.

18. Jahrhundert entwickelte sich in Stift Melk auch eine hervorragende Musiktradition: So wirkte etwa der spätere Domkapellmeister zu St. Stephan und Lehrer Beethovens, Johann Georg Albrechtsberger, mehrere Jahre als Stiftsorganist. Während der Regierungszeit Josefs II. war Melk zwar nicht von der Aufhebung bedroht, mußte jedoch zusätzliche seelsorgliche Aufgaben übernehmen, die das Stift finanziell stark belasteten. Außerdem wurde dem Kloster für einige Jahre ein Kommendatarabt, ein Angehöriger des Piaristenordens, aufgezwungen. Nachdem bereits unter Kaiserin Maria Theresia im Stift anstelle der alten Lateinschule ein öffentliches Gymnasium errichtet worden war, das 1787 nach St. Pölten verlegt und 1804 wieder nach Melk zurückverlegt wurde, entstand 1811 auch ein Konvikt. Durch die Grundablöse von 1848, die dem Stift erhebliche Mittel einbrachte, konnte die erste umfassende Restaurierung des Stiftsbaus seit seinem Entstehen durchgeführt werden. Nach 1938 entging das Stift der Aufhebung; nur das Gymnasium wurde beschlagnahmt. So kann Stift Melk auf ein ununterbrochenes klösterliches Leben von 1089 bis heute zurückblicken

Das *Portal*, durch welches man die Klosteranlage betritt, wird von zwei Basteien flankiert. Eine davon ist Teil einer Befestigungsanlage aus dem 17. Jahrhundert, die andere wurde aus optischen Gründen von Prandtauer hinzugefügt. Das Portal schmücken zwei Statuen, die nach Entwürfen Lorenzo Mattiellis ausgeführt wurden. Sie stellen die Heiligen Leopold und Koloman dar. Der Leichnam des letzteren war vom Babenbergerherzog Heinrich I. 1014 nach Melk gebracht worden. Ein Stern mit dem Wappen des Bauherrn, des Abtes Berthold Dietmayr, krönt das Portal, das 1718 fertiggestellt wurde.

Vom Vorhof sind die beiden sogenannten Babenbergertürme zu sehen, die in ihrer Anlage auf die Babenbergerzeit zurückgehen und Teile der alten Befestigungsanlage darstellen. Durch die *Benediktinerhalle,* deren Deckenfresko die Gründung des Klosters Montecassino durch den heiligen Benedikt zum Inhalt hat, den Prälatenhof mit dem 1687 errichteten »Kolomanibrunnen« überquerend, erreicht man schließlich den *Kaisertrakt.*

Links: Die prachtvollen Emporen entstanden nach Plänen Antonio Beduzzis unter Mitarbeit des Theaterarchitekten Antonio Galli-Bibiena.
Rechts: Vergoldetes Relief in der Sebastianikapelle (erste Kapelle des rechten Seitenschiffes); dargestellt ist der hl. Sebastian im Kerker.

Auf dem Treppenabsatz der Kaiserstiege befindet sich eine plastische Gruppe (Beständigkeit und Tapferkeit), in Nischen weitere symbolische Figuren. Der Stuck dieses Stiegenhauses stammt von Lorenzo Mattielli aus dem Jahr 1717. Der anschließende *Kaisergang* durchläuft fast die ganze Südfront, die wegen ihrer Länge von 240 Metern und ihrer ununterbrochenen Folge von Fenstern in nicht weniger als 59 Achsen eine bekannte architektonische Besonderheit darstellt. Die Kaiser- und Gästezimmer wurden teilweise als Museum eingerichtet, das der Darstellung des Klosterwesens an sich, der benediktinischen Gemeinschaften im besonderen und natürlich der unmittelbaren Geschichte von Stift Melk gewidmet ist.
An diese Räume schließt der *Marmorsaal* an, der als Fest- und Speisesaal konzipiert wurde. Gäste sollen

nach der Regula Benedicti nie fehlen und »aufgenommen werden wie Christus«. Darauf weisen die lateinischen Inschriften in den Supraporten auf beiden Stirnseiten des Saales hin. Das riesige Deckenfresko stammt von Paul Troger, die Architekturmalerei von Gaetano Fanti, der häufig in dieser Weise mit Troger zusammenarbeitete. Das 1731, während der Regierungszeit Karls VI. entstandene Werk hat eine Allegorie auf das Herrscherhaus zum Inhalt.

An der Westseite des Marmorsaales öffnet sich eine Terrasse, die sogenannte Altane, zur Donau hin. Sie stellt die architektonisch überaus aufwendig angelegte Verbindung zwischen dem Marmorsaal und der Bibliothek dar. Dazwischen wird der Blick auf die Fassade der Stiftskirche frei. Zwischen den Türmen befindet sich eine monumentale Figurengruppe, die den auferstandenen Christus sowie die Heiligen Petrus und Paulus, die Patrone des Gotteshauses, darstellt.

Hauptanziehungspunkt der *Bibliothek* ist, wie schon im Marmorsaal, ein 1732 vollendetes Deckenfresko Paul Trogers. Es führt das malerische Programm des Marmorsaales fort und stellt den Triumph der göttlichen Weisheit sowie die vier Kardinaltugenden dar. Die Architekturmalerei stammt auch hier von Gaetano Fanti. Die reich intarsierten Bücherschränke, die den zweige-

Links: Atlanten an der Nordwand des Marmorsaales.
Rechts: Deckengemälde des Marmorsaales, von Paul Troger und Gaetano Fanti (der für die Scheinarchitektur verantwortlich zeichnete) im Jahr 1731 geschaffen.

schossigen Raum bis zur Decke füllen, entstanden in den Jahren 1731 bis 1735. An der östlichen Stirnseite der Bibliothek führt eine zierliche Wendeltreppe zu zwei Lesezimmern, deren Freskenschmuck aus der letzten Ausstattungsphase der Barockanlage stammt: Es sind Werke Johann Wenzel Bergls aus dem Jahr 1768. Bergl, der unter anderem auch in Schloß Schönbrunn tätig war, war und ist für seine phantastischen Landschaften und exotischen Szenen bekannt. Er folgte damit ganz dem Stilempfinden des Rokoko. Der Auftrag Abt Urbans II. schloß an eine Arbeit an, die Bergl für Kaiserin Maria Theresia um 1760 ausgeführt hatte (Sommerschlößchen St. Veit). Das Hauptwerk Bergls für Melk ist freilich die Ausmalung des (nicht zugänglichen) *Gartenpavillons,* der 1747/48 bereits unter der Leitung Franz Munggenasts und auch nach dessen Plänen entstand. Diese Fresken waren 1763 vollendet; drei Jahre darauf wurden die zuvor erwähnten Fresken der Lesezimmer ausgeführt.

Der Bestand der Bibliothek beträgt rund 90.000 Bände. Stift Melk besitzt 850 Inkunabeln und rund 1.200 mittelalterliche Handschriften.

Eine großartig angelegte Wendeltreppe, deren Mauerteile gänzlich mit Fresken geschmückt sind, führt hinab zur *Kirche*, deren Innenraum von verschiedenen Künstlern, aber auch lokalen Handwerkern nach einem Gesamtkonzept des Hof- und Theateringenieurs Antonio Beduzzi gestaltet wurde. Die *Deckenfresken* im Langhaus und in der Kuppel sind Werke des Salzburgers Johann Michael Rottmayr, der unter anderem bereits die Kuppel der Wiener Peterskirche, den Kuppelsaal in Frain an der Thaya (heute Vranov, ČSFR) und den sogenannten Karabinierisaal der Salzburger Residenz freskiert hatte. Die Melker Arbeiten entstanden zwischen 1716 und 1722. Für die Architekturmalerei zeichnete auch hier Gaetano Fanti verantwortlich.

Der *Hochaltar* entstand nach Entwürfen des berühmten Theaterarchitekten Antonio Galli-Bibiena. Er ist auch ganz als »theatrum sacrum« angelegt: die Apostelfürsten Petrus und Paulus reichen einander die Hand zum Abschied (der Legende nach wurden beide am selben Tag zur Hinrichtung geführt). Über ihnen schwebt die Siegeskrone, darüber schließlich thront Gottvater.

Der monumentale Kuppelraum – 64 Meter über dem Presbyterium aufragend – mit seinem Fresko der Himmelsvision ist ein wesentliches – auch von außen weithin sichtbares – architektonisches Gestaltungselement der Melker Stiftskirche. Das Langhaus ist überaus reich gegliedert. Über den insgesamt sechs Seitenkapellen erheben sich in grün und gold gehaltene, außergewöhnlich intensiv wirkende Emporen, von Beduzzi und Bibiena gestaltet.

In den Tonnengewölben der Seitenaltäre befinden sich Fresken von Paul Troger und Franz Rosenstingl. Rosenstingl hatte auch ursprünglich die Fensterleibungen der Bibliothek freskiert, diese Arbeiten wurden jedoch später von Bergl übermalt. Rosenstingl legte auch nach Abschluß der Bauarbeiten an der Klosteranlage für Abt Thomas Pauer einen Garten an, für den Munggenast schließlich den bereits erwähnten Pavillon errichtete.

Die Altarblätter der Seitenaltäre stammen großteils von Rottmayr und Troger. Die prächtige Kanzel ist ein Werk des St. Pöltner Bildhauers Peter Widerin, der Prandtauers Schwiegersohn war. Das Werk stammt aus dem Jahr 1726. Motiv der aufwendigen Figurengruppe auf dem Schalldeckel ist der Glaube, der die Dämonen des Unglaubens in die Tiefe stürzt.

Von den nicht öffentlich zugänglichen Räumen von Stift Melk sind die Sakristeien, der Festsaal der Prälatur, der Kolomanisaal und die Schatzkammer besonders erwähnenswert.

Oben: Die prachtvoll freskierte Wendeltreppe führt von der Bibliothek zur Kirche.

Bedeutender als die Wintersakristei ist die *Sommersakristei,* die deutlich zwei Planungsphasen erkennen läßt: Während nämlich im Jahr 1701 der Umbau der alten Abt-Sakristei in Angriff genommen wurde, fiel der Entschluß, anstelle der alten gotischen Kirche ein völlig neues, barockes Gotteshaus als Teil der gigantischen Gesamtanlage zu errichten. Die Decke der Sommersakristei zeigt daher den Übergang vom Früh- zum Hochbarock. Die Deckenfresken stammen von Antonio Beduzzi, der Stuck von Johann Jakob Castelli. Die bemerkenswerten Paramentenschränke sind eine Arbeit des Wiener Tischlermeisters Pogner. Im Verbindungsgang zwischen der Sommersakristei und der Kirche befindet sich eine Beichtkapelle; im Verbindungsraum zwischen Wintersakristei und Kirche steht jener Sarkophag, in den 1735

die Gebeine aller in Melk bestatteten Babenberger umgebettet wurden.
Da der gotische Kreuzgang beim barocken Umbau zerstört wurde, aber mittlerweile auch die traditionelle Schlüsselfunktion dieses Bauteils verlorengegangen war, wurde der neue Kreuzgang sehr einfach gestaltet.

Für die Wohn- und Repräsentationsräume des Abtes waren hingegen naturgemäß jene Künstler tätig, die auch sonst mit der Ausgestaltung des Stiftes beauftragt waren: Troger, Fanti, Bergl. Johann Wenzel Bergl schuf das Deckenfresko für die *Prälaturkapelle* – eine Darstellung der Heiligen Dreifaltigkeit; das Deckenfresko des *Festsaales der Prälatur* stammt von Troger und Fanti. Ursprünglich war dieser Raum nicht gewölbt, nach dem Brand von 1738 wurde jedoch ein Gewölbe eingezogen und von den genannten Künstlern mit Fresken, den Triumph des heiligen Benedikt darstellend, ausgestattet. 1782 kaufte das Stift eine Sammlung von 146 Gemälden an, die bis heute die Wände des Festsaales schmücken.

Links: Die sogenannte Altane verbindet den Marmorsaal mit der Bibliothek (rechts im Bild) und schließt den Baukomplex zur Donau hin ab.
Rechts: Die trapezförmige Grundfläche verleiht dem Prälatenhof eine besondere Tiefenwirkung.

Das bedeutendste ist ein Lukas Cranach dem Älteren zugeschriebenes Werk: »Madonna in der Weinlaube«.
Reliefs aus Elfenbein schmücken das Tragaltärchen der Swanhilde, Gattin des Markgrafen Ernst aus dem Geschlecht der Babenberger. Dieses Kleinod ist das bekannteste und wertvollste Stück der *Schatzkammer;* das auffälligste Werk hingegen ist die Kolomani-Monstranz, 1752 vom Wiener Goldschmied Moser aus vergoldetem Silber als Reliquienmonstranz gefertigt. Eingearbeitet ist ein Stück des Kieferknochens des Heiligen, der der Legende nach an einem Holunderstrauch aufgehängt wurde. Auf dieses Martyrium deutet die Form der Monstranz hin: Blätter, Zweige und Blüten eines Holunderstrauches.

Auch der *Kolomanisaal* wurde beim großen Brand von 1738 arg in Mitleidenschaft gezogen, auch hier wurde ein gemauertes Gewölbe eingezogen, und abermals statteten Troger und Fanti den Raum mit einem Deckenfresko aus. Dieses Fresko war die letzte Arbeit Paul Trogers für Stift Melk. Dargestellt ist eine Geschichte des Klosters – von den Anfängen des Chorherren-Vorgängerklosters bis zum Plan der Gesamtanlage, die zum Zeitpunkt der Entstehung des Freskos (1744/45) noch nicht vollendet war. Nachdem der Park mit dem bereits erwähnten Pavillon fertiggestellt war, entstand als letzte barocke Baulichkeit in den Jahren 1750 bis 1752 die *Orangerie* mit dem dazugehörigen Garten. 1908 wurde dieses damals bereits baufällige Gebäude abgerissen und durch eine simple Eisenkonstruktion ersetzt, welche man 1979/1980 entfernte,

als man nach alten Plänen die ursprüngliche Orangerie wieder entstehen ließ, wo jetzt das *Stiftsrestaurant* untergebracht ist.

Der Melker Konvent umfaßt 38 Mitglieder. Dem Stift sind 27 Pfarren inkorporiert, von denen die meisten im östlichen Niederösterreich, an der Grenze der einstigen Ostmark, liegen. Daraus ergibt sich, durch die Personalknappheit bedingt, eine schwierige verwaltungstechnische Situation.
Das Stiftsgymnasium mit rund 650 Schülerinnen und Schülern genießt einen guten Ruf, ist jedoch wirtschaftlich für das Stift ohne Bedeutung. Die ökonomische Grundlage bilden vielmehr Land- und Forstwirtschaft und – in weit höherem Grade als in anderen Stiften – der Tourismus.

Neben Exerzitien und zahlreichen Jugendaktivitäten werden auch Konzerte im Marmorsaal und in anderen Räumen des Stiftes veranstaltet.

St. Peter

Die Geschichte der Abtei und späteren Erzabtei St. Peter beginnt im Jahr 582. Basierend auf diesem Datum wurde 1982 das 1.400jährige Jubiläum begangen. Doch dies ist »historia liturgica«, »liturgische Geschichte« oder besser Geschichte, die nach theologischen Gesichtspunkten ausgerichtet ist. Grund für diese Überlieferungen oder Haustraditionen ist nicht so sehr ein historisches Datum, sondern ein historisches Motiv, im Falle von St. Peter in Salzburg der zeitliche und damit kanonische Vorrang der Salzburger Hochkirche vor allen anderen Bistümern Bayerns.

Tatsächlich war es im Jahre 696, als Rupert, Bischof von Worms, in Salzburg eintraf. Der Bayernherzog Theodo überließ Rupert die Reste der römischen Siedlung Iuvavum, um hier sein Christianisierungswerk zu beginnen. Obwohl Rupert genau zwei Quadratmeilen des zerstörten Iuvavum erhalten hatte, konnte er den Platz, an dem er sich niederlassen wollte, wohl nicht ganz frei wählen, da die Agilolfinger (die die bayerischen Herzöge stellten) auch von Iuvavum Besitz ergriffen hatten, um hier Verwaltungseinrichtungen zu schaffen.

Die Geschichte Iuvavums hatte im ersten nachchristlichen Jahrhundert begonnen. An der Stelle, an der sich Rupert schließlich niederließ und an der heute die Erzabtei St. Peter steht, waren am Ende des 1. Jahrhunderts die ersten Steinhäuser entstanden, die der im Westen Iuvavums gelegenen Handwerkersiedlung zuzurechnen sind. Die Häuser wurden um 200 teilweise luxuriös ausgestattet, zu der schon vorher selbstverständlichen Bodenheizung kamen Mosaiken und Wandbemalungen hinzu. Offenbar wurden an dieser Stelle, die durch die steinschlaggefährdete Mönchsbergwand und durch die starke Beschattung manche Nachteile besaß, Stadtvillen angelegt.

Iuvavum ging in den Jahren 405 und 406 in den Wirren der Völkerwanderung unter; im 6. und 7. Jahrhundert war es ein verlassener Ort, die Häuser Ruinen. An der schon beschriebenen Stelle war es in der Tat Rupert, der die unterbrochene Besiedlung wiederaufnahm. Er baute auf römischen Häuserresten auf, verwendete Teile der Römerbauten, vor allem aber deren Baulinien. Dies ist insoferne von Bedeutung, als inmitten dieses bescheidenen Baukomplexes ein kleines Gebäude aufgeführt wurde, eigentlich ein normaler Raum, der aber offensichtlich als Kapelle diente und als solche konzipiert war, wenngleich er keine ausgesprochen

Vorhergehende Seite: Blick auf St. Peter. Im Mittelgrund die Vierungskuppel, im Hintergrund der im Kern romanische Kirchturm.
Rechts: Hauptschiff und Altarraum der Stiftskirche von St. Peter.

sakrale Bauform aufwies. Durch die Übernahme der Baulinien der antiken Bauten erhielt diese Kapelle eine Ausrichtung, die ein wenig abweichend von der sonstigen Ausrichtung auch früher Kirchenbauten war und später in allen Folgebauten beibehalten wurde.
In den Wohnräumen entstand jene Mönchsgemeinschaft, der Rupert als Abt vorstand. All das war also die Zelle St. Peters. Rupert selbst ging nach der Einsetzung seines Nachfolgers, des heiligen Vitalis, nach Worms zurück, wo er an einem 27. März um 716 starb. Seine Reliquien wurden vom heiligen Virgil, dem fünften Bischof von Salzburg, Abt von St. Peter und Erbauer des Salzburger Domes, zur Domweihe 774 nach Salzburg zurückgebracht.
Der erste Großbau von St. Peter, eine dreischiffige Basilika, geht wohl auf Abt Liupram zurück und entstand um 847. Zu diesem Zeitpunkt wurde auch das Kloster verlegt, nach Südwesten, bis an die Mönchsbergwand heran und sogar in diese Wand hinein. Im Jahr 987 wurde die Trennung von Abt- und Bischofsamt vorgenommen. Die Abtei – mittlerweile hatte die Mönchsgemeinschaft die Regeln des heiligen Benedikt angenommen – führte von da an mehr und mehr ein monastisches Eigenleben, waren doch die missionarischen Aufgaben, die bis nach Ungarn reichten, weitgehend erfüllt. Die ursprüngliche – auch baulich – enge Verbindung von Kloster und Dom (als Zentrum des 739 begründeten Bistums) ist noch heute aus der architektonischen Konzeption der barocken Anlage ablesbar.
Im Jahr 1110 wurde der Klosterbau nach Nordwesten versetzt, etwa an seinen heutigen Platz. 1227 vernichtete allerdings ein Brand Kirche und Kloster, so daß der damalige Abt Balderich einen völligen Neubau ausführen ließ. Dieser Bau ist bis heute erhalten geblieben, wenngleich er durch Anbauten, vor allem aber durch die Barockisierung sein Aussehen verändert hat. Balderich ließ in dem neuen Gotteshaus ein Hochgrab für den Gründerheiligen errichten, das 300 Jahre später durch das sogenannte Felsengrab ersetzt wurde. Im Kirchenboden wurde von früher Zeit an eine große Zahl von Bestattungen vorgenommen, wobei für eine Reihe von Gräbern Teile römischer Sarkophage verwendet wurden, die man offenbar in der Umgebung der Stadt als Reste der römischen Nekropole gefunden hatte.
Im 13. und 14. Jahrhundert entstanden das Klostergeviert, der Kreuzgang, der Westturm und das Westportal. Von 1130 bis 1583 bestand St. Peter als Doppelkloster. Die »Petersfrauen« lebten im heutigen Franziskanerkloster und unterstanden dem Abt. Sie beteiligten sich auch an der berühmten mittelalterlichen Schreibschule von St. Peter.

Rechts: Blick in die Vierungskuppel; die kleinformatigen Fresken sind Werke Franz Xaver Königs. Die zarte Stuckierung der Stiftskirche stammt von Benedikt Zöpf aus den Jahren 1775 bis 1777 (Wessobrunner Schule).

Seit frühester Zeit existierte eine Klosterschule, die im 17. Jahrhundert zu einem akademischen Gymnasium erweitert wurde; auch war die Abtei St. Peter maßgeblich an der 1622 in Salzburg gegründeten benediktinischen Universität, die 1810 aufgehoben wurde, beteiligt. Die erste Barockisierung der Stiftskirche fällt in die Zeit um 1600. 1587 hatte der erst 28jährige Wolf Dietrich von Raitenau den Thron des Salzburger Reichsfürsten und Erzbischofs bestiegen. Das Kunstwollen dieses Fürsten, das der ganzen Stadt ihr besonderes Erscheinungsbild gab, wurde vom damaligen Abt von St. Peter, Martin Hattinger, unterstützt. Er begann 1605 mit dem Abbruch des romanischen Dreiapsidenchores; unter seinem Nachfolger wurde die Kirche erhöht und gewölbt, über der Vierung eine achteckige Kuppel nach dem Vorbild der Domkuppel erbaut. Zwischen 1606 und 1611 entstand schließlich auch ein barocker Klosterhof mit Kreuzgang. Vom romanischen Kreuzgang aus dem 13. Jahrhundert blieb nur ein kleiner Teil erhalten.
Für das so umgestaltete Gotteshaus schuf Hans Waldburger eine Reihe von Altären, die aber im Zuge der zweiten Barockisierung entfernt oder zerstört wurden. Erhalten blieb

etwa der hölzerne Tabernakel des Hauptaltars, ebenso der Bartholomäus-Altar, der sich heute in der Friedhofskapelle von Annaberg im Lammertal (Land Salzburg) befindet. Waldburger schuf auch die Grabplatte für den 1615 verstorbenen Abt Hattinger.
In den Jahren 1657 bis 1662 wurde von Christoph Gottsreiter ein umfassender Neubau des Klosters ausgeführt. Die Zellen und Gemeinschaftsräume der Mönche wurden nach Süden ausgerichtet, in allen vier Geschossen großzügige Gänge angelegt. Das mittelalterliche Erscheinungsbild war endgültig verschwunden.
Die, speziell für die Kirche, wesentlichste Umgestaltung erfuhr St. Peter ab 1754. Auftraggeber dieser zweiten, diesmal tiefgreifenden Barockisierung war Abt Beda Seeauer, der von 1753 bis 1785 regierte. Zunächst wurde der bis dahin noch immer unverändert romanische Westturm in den oberen Stockwerken abgetragen und neu aufgebaut, schließlich mit einem barocken Turmhelm versehen. Dennoch ist bei genauer Betrachtung der romanische Ursprung des Turmes noch immer – vor allem in den unteren Geschossen – gut zu erkennen. Gleiches gilt für den Kirchenraum, obwohl dieser größeren baulichen Veränderungen unterworfen war.
Nach 1920 folgte eine problematische Zeit für das Stift. 1926 wurde das »Kolleg St. Benedikt« geweiht. Der Neubau, der im Interesse der gesamten Benediktinerkongregation, aber unter Federführung der Abtei St. Peter ausgeführt worden war, hatte in einer Zeit allgemeiner wirtschaftlicher Rezession die Mittel des Stiftes weit überstiegen. Zwar wurde in Würdigung der Verdienste um die Errichtung dieses Kollegs St. Peter 1927 zur Erzabtei und der damalige Abt Petrus Klotz zum ersten Erzabt erhoben; derselbe Abt wurde aber schon wenig später, 1931, aufgrund der hoffnungslosen wirtschaftlichen Lage des Stiftes von päpstlichen Visitatoren zum Rücktritt gezwungen.
Mittlerweile regiert in St. Peter der 85. Abt, und es ist immerhin erstaunlich, daß von diesen 85 Äbten vier heiliggesprochen und nicht weniger als fünfzehn seliggesprochen wurden (sämtliche aus der Frühzeit des Klosters).

Man betritt die Abteikirche durch ein romanisches Stufenportal aus der Mitte des 13. Jahrhunderts. Die geschnitzte Türe ist ein Werk des Lorenz Härmbler aus der Zeit der zweiten Barockisierung. Darüber,

im romanischen Bogenfeld, Christus mit den Kirchenpatronen Petrus und Paulus. Die Vorhalle weist ebenfalls noch romanische Formen auf und entstand Mitte des 14. Jahrhunderts. Das Portalgitter ist das Meisterwerk des Salzburger Hofschlossers Philipp Hinterseer von 1768.
Der Kirchenraum wurde von Benedikt Zöpf aus Wessobrunn 1775–1777 einheitlich stuckiert, die romanischen Kapitelle auf ebenfalls romanischen Säulen verkleidet. Das vielleicht augenfälligste Merkmal der Abteikirche von St. Peter sind die monumentalen *Gemälde,* die beide Seitenwände schmücken, aber nicht von einem einzigen Maler und auch nicht aus der gleichen Zeit stammen. Das rechte Langbild von Kaspar Memberger – aus dem Jahr

Rechts: Eingang zur Abteikirche. Das romanische Stufenportal stammt aus der Mitte des 13. Jahrhunderts, das Portalgitter ist ein Werk des Salzburger Hofschlossers Philipp Hinterseer aus dem Jahr 1768.

1591 – befand sich noch im alten Dom, das rechte Langbild ist ein Werk Antonio Solaris – Sohn des Dombaumeisters Santino Solari – aus dem Jahr 1660. Die quadratischen Gemälde sind Arbeiten des Laienbruders Thiemo Sing aus dem gleichen Jahr, während die beiden oberen Bilderreihen gänzlich von Franz Xaver König 1757 geschaffen wurden. König war für das Stift vor der Beauftragung Johann Martin Schmidts (des Kremser Schmidt) fast ohne Konkurrenz tätig. Die drei großen Deckenfresken, die Szenen aus dem Leben des heiligen Petrus zum Inhalt haben, sind hingegen Werke des aus Augsburg stammenden Johann Weiß aus dem Jahr 1764.

Links: Petersfriedhof: in der Mitte die spätgotische Margarethenkapelle.
Rechts: Detail aus dem Petersfriedhof.

Martin Johann Schmidt schuf ab 1775 die meisten Altarblätter für St. Peter, darunter auch das mächtige Hochaltarbild von 1778. Ein Jahr zuvor hatte er seinen Auftraggeber, Abt Beda, porträtiert. Auch nach dem Tod dieses Abtes im Jahr 1785 war Schmidt weiterhin für das Stift tätig. Im Jahre 1800 malte er im stolzen Alter von 82 Jahren – ein Jahr vor seinem Tod – sein letztes Bild für St. Peter: »Die Speisung der Fünftausend« für das Refektorium. Neben dem bereits erwähnten *Felsengrab,* dessen Verkleidung von 1751 stammt, ist auch die frühgotische *Veitskapelle* von besonderem Interesse. Sie ist das älteste erhaltene gotische Bauwerk der Stadt Salzburg. Unter der Apsis liegt die alte

Klostergruft, in der neben anderen auch der väterliche Freund Luthers, Abt Johannes von Staupitz, begraben ist.

In der südlichen Kapellenreihe befindet sich das Monument für Johann Michael Haydn mit seiner Schädelurne. Johann Michael, der jüngere Bruder Joseph Haydns, kam 1762 nach Salzburg und blieb dem Stift bis zu seinem Tode eng verbunden. Er wirkte hier als Komponist und Organist und wohnte in einem beim Petersfriedhof gelegenen Klosterhaus, wo er auch 1806 starb. Von besonderer Wirkung ist die mit zahlreichen kleinformatigen Fresken Franz Xaver Königs geschmückte *Vierungskuppel.* Der Orgelprospekt enthält noch drei große Figuren Waldburgers, die die Heiligen Rupert, Petrus und Vitalis darstellen. Auf dieser Orgel führte Mozart 1783 seine unvollendet gebliebene Messe in c-Moll auf.

Die wirtschaftliche Grundlage des Stiftes bilden heute mehrere Gastgewerbebetriebe, deren berühmtester der seit 803 nachgewiesene Peterskeller ist, zwei Mühlen, das Druckhaus Nonntal, der Verlag St. Peter, Landwirtschafts- und Weinbaubetriebe sowie Forste.

Die Hauptaufgabe St. Peters liegt neben Wissenschaft und Erziehung, entsprechend den heutigen Anforderungen, bei der Seelsorge. Sechs Pfarren sind inkorporiert, der Konvent von St. Peter umfaßt derzeit dreißig Mitglieder.

Der *Petersfriedhof,* der sich zwischen Kloster und Mönchsberg erstreckt, ist in gewissem Sinne zu einer Salzburger Sehenswürdigkeit geworden. Seine heutige Form erhielt der Friedhof, als 1627 dem

Links und rechts: Details aus dem Petersfriedhof.

Architekten Gottsreiter der Auftrag erteilt wurde, das Gräberfeld mit einem Arkadengang einzufassen. In den Grüften dieser Arkaden liegen Salzburger Patrizier, aber auch zahlreiche Künstler begraben. Die bekanntesten Namen sind Johann Michael Haydn und Maria Anna Walburga Ignatia (»Nannerl«) Mozart, die 1786 den Salzburger »hochfürstlichen Rat« Johann Baptist Franz Berchtold von Sonnenberg geheiratet hatte. In der Mitte des Friedhofes, den zahlreiche alte, teils reichverzierte Grabkreuze schmücken, befindet sich die spätgotische Margarethenkapelle, in deren Nähe auch die Konventualen von St. Peter bestattet wurden und werden.

Die in die Nonnbergwand gehauenen sogenannten Katakomben geben nach wie vor Rätsel auf. Daß ihr Ursprung bereits in der Antike zu vermuten wäre, scheint unwahrscheinlich, doch gelang bis jetzt auch keine andere Datierung. Sicher ist nur, daß die drei Höhlen im 12. Jahrhundert zu Kapellen geweiht wurden: dem heiligen Maximus, dem Aegidius und der heiligen Gertrud. In dieser letztgenannten Gertraudenkapelle befindet sich ein Fresko »Martyrium des heiligen Thomas Becket« aus dem 15. Jahrhundert.

St. Paul

Weithin sichtbar erhebt sich über dem südlichen Lavanttal jener Felshügel, der schon seit illyrischer Zeit eine Burg trägt. Im Mittelalter war es die Burg Lavant, aus der sich das Benediktinerstift St. Paul entwickelte.
Der »Kärntner Escorial« hätte es nach Plänen des 17. Jahrhunderts werden sollen. Drei der vier Flügel dieser vorgesehenen Klosterburg wurden immerhin vollendet. Die Beinamen dieses ältesten bestehenden Klosters Kärntens drücken jedoch mehr aus als architektonische Vergleiche: »Schatzhaus Kärntens« und »lux regionis«, das Licht der ganzen Region. Stift St. Paul verfügt über eine große Zahl von Sammlungen zu ganz verschiedenen Teilbereichen der Kunst, und viele der im Laufe von 900 Jahren zusammengetragenen Kunstwerke sind von singulärer Bedeutung. Nicht zuletzt zählt die Klosterkirche zu den wichtigsten romanischen Kirchen des heutigen, an romanischen Kunstdenkmälern nicht eben reichen Österreich.
All diesen Faktoren wird im Jahr 1991 durch die Kärntner Landesausstellung im Stift St. Paul im Lavanttal Rechnung getragen.
Burg Lavant war im 11. Jahrhundert im Besitz der sehr begüterten Gräfin Richardis, die den rheinfränkischen Grafen Siegfried von Sponheim heiratete. Dieser hatte in der Burg bereits den Bau einer dem Apostel Paulus geweihten Kirche neben der schon bestehenden Ägidius-Kirche begonnen. Beider Sohn Engelbert sandte seinen Sohn gleichen Namens, der später Herzog von Kärnten wurde, zu dem hochangesehenen Abt Wilhelm ins schwäbische Hirsau. Der ältere Engelbert wollte in einer Zeit großer und zahlreicher Klostergründungen den anderen Fürsten und Adeligen nicht nachstehen und beabsichtigte, ein Kloster zu gründen, für dessen Besiedlung Wilhelm Mönche abstellen sollte. Mit seinem Sohn reisten nun zwölf Mönche und der Abt Wezelin nach Kärnten. Im Mai 1091 stiftete Engelbert das Kloster, schenkte Wezelin die Burg samt dem Meierhof – der übrigens in Form eines hübschen Biedermeierbaus noch existiert – sowie Güter in Kärnten, der Untersteiermark und im Friaul. Benediktinermönche leben und arbeiten seither hier in St. Paul, seit 900 Jahren in seltener Kontinuität, sieht man von zwei vergleichsweise kurzen Unterbrechungen (1787 bis 1809 und 1940 bis 1945) ab. Um 1220 war die dreischiffige romanische Pfeilerbasilika, die die St.-Pauls-Kirche der Sponheimer ersetzte, vollendet. Ende des 14. Jahrhunderts wurden nach

Vorhergehende Seite: Ansicht der Stiftskirche von Süden.
Rechts: Blick in das Turmkabinett, das heute Teil des Ausstellungsbereiches ist.

einem Brand gotische Rippengewölbe eingezogen. Die weitere Entwicklung des Klosters war, wie auch anderswo, von einem Wechsel von Blüte und Niedergang gekennzeichnet. Auf Verwüstungen durch die Truppen des Grafen von Cilli (1439–42) und durch die Türken (1476–80) folgte zu allem Überdruß eine starke Verschuldung durch den Abt Ulrich von Pfinzing, der einen verschwenderischen Lebensstil pflegte. Erst ab 1616 wurde durch den besonders tatkräftigen Abt Hieronymus Marchstaller ein wesentlicher Aufschwung herbeigeführt. Er regierte bis 1638 und war vom Escorial bei Madrid so fasziniert, daß er versuchte, St. Paul eine

ähnliche bauliche Form zu geben. Doch auch in geistlichen Belangen erwies sich Marchstaller als fähiger Führer des Konvents, so daß er zu Recht als der »zweite Gründer von St. Paul« bezeichnet wird.
Mit einem Stand von 36 Konventualen wurde auch St. Paul 1782 unter Josef II. aufgelöst; 1787 mußten die Patres das Stift endgültig verlassen. Dabei gingen, wie in all diesen Fällen, viele kostbare Schriften und Kunstgegenstände verloren, doch die rasche Neubesiedlung nach nur 22 Jahren verhütete zumindest Zerstörungen der Bausubstanz. 1809 zogen nämlich soeben aus St. Blasien im Schwarzwald vertriebene Benediktiner in St. Paul ein, die aus ihrem Mutterkloster zahlreiche Kunstgegenstände, Handschriften und Bücher mitbrachten, so daß Bibliothek und Sammlungen neu aufgebaut werden konnten.

Links: Seitenapsis der Stiftskirche, 12. Jahrhundert.
Rechts: Westportal der Stiftskirche, 13. Jahrhundert. Im Bogenfeldrelief eine Darstellung des segnenden Christus.

Noch im Jahr der Neubesiedlung wurde ein Gymnasium eröffnet, das seit 1874 Öffentlichkeitsrecht besitzt und heute mit rund 900 Schülern das größte Privatgymnasium Österreichs ist.

An der *Stiftskirche* fallen zunächst die drei Apsiden auf, da man sich dem Gotteshaus von der östlichen Seite her nähert. Lilien, Palmetten und Weinranken schmücken den Kirchenbau, während ihn das steinerne Flechtwerk vor allem Bösen, das unter anderem in Gestalt von Drachen, Schlangen und Löwen festgehalten ist, schützen soll. Das Südportal zeigt im Bogenfeldrelief eine Darstellung der Mutter Gottes mit dem Jesuskind, dem heiligen Josef und den Heiligen Drei Königen von ca. 1240. Das Gewände des Portals wurde hingegen erst 1618 aus spätromanischen Teilen zusammengestellt. Das Westportal, durch das man die Kirche betritt, stammt zur Gänze aus dem 13. Jahrhundert, wobei im Gewände Stilelemente der Spätromanik mit solchen der Frühgotik

abwechseln. Das Relief im Bogenfeld, so wie das des Südportals von etwa 1240, zeigt den segnenden Christus.
Das Innere der Stiftskirche ist überaus reich an Kunstwerken mehrerer Epochen. An die Pfeiler der dreischiffigen Pfeilerbasilika sind Säulen angearbeitet, die besonders schöne Kapitelle tragen. Sowohl die spätgotischen Netzrippengewölbe als auch die Fresken an deren Schlußsteinen und in den Vierpassen entstanden 1468. Die Meister der Fresken sind Michael und Friedrich Pacher.
Neben den Fresken der Brüder Pacher aus Bruneck im Pustertal ist das *Stifterfresko* an der Nordwand des Querhauses das bedeutendste Kunstwerk in der Stiftskirche selbst. Das Fresko ist ein Werk des Meisters von Villach aus dem Jahr 1493, zu diesem Zeitpunkt der bedeutendste Vertreter der Kärntner Malerei, und stellt das vor den Apostelfürsten kniende Stifterpaar Engelbert I. und Hadwiga dar, beschirmt von den Heiligen Benedikt und Katharina. Links sind die Wappen des Stiftes und Kärntens dargestellt, darunter die kniende Figur des Abtes Jöbstl von Jöbstlberg, des Auftraggebers des Freskos.

In der Kirche befinden sich weitere Werke der Villacher Malschule: ein Fresko »heilige Katharina« und vor allem vier auf dem Altar stehende Tafelbilder. Eines davon wird dem Meister von Villach selbst zugeschrieben (heiliger Andreas mit heiliger Dorothea), die drei weiteren sind Werke eines unbekannten Kärntner Meisters um 1460.
Unter dem Stifterfresko sieht man das Grab der Sponheimer. Außer Engelbert, seiner Gemahlin Hadwiga und seiner Mutter Richardis ruhen hier noch fünf Kärntner Herzöge aus dem Haus Sponheim. Die sichtbaren Reliefs sind Reste einer Tumba.
Die übrige Ausstattung der Kirche stammt aus dem 17. und 18. Jahrhundert. Der Hochaltar, der eigentlich nur aus einem reichverzierten Tabernakel besteht, stammt vom Anfang des 18. Jahrhunderts, während die beiden großen Querhausaltäre ebenso wie die vier Seitenaltäre Werke des Rokoko sind. Die alten Gemälde der Seitenaltäre wurde Mitte des 19. Jahrhunderts durch spätnazarenische Bilder ersetzt.
1931 und 1932 malte Suitbert Lobisser, der Mitglied des Konvents war, an der Nordwand des Querhauses, also in unmittelbarer Nähe des Stifterfreskos, zwei Fresken: den vom Kreuz herabsteigenden Christus und eine Schutzmantelmadonna. Auch in den Stiftsgebäuden trifft man allenthalben auf Werke dieses produktiven Künstlers, der besonders als Holzschnitzer berühmt wurde.

Links: Detail von der aus dem 18. Jahrhundert stammenden Kanzel der Stiftskirche.
Rechts: Blick von Norden auf den Klosterkomplex. Der burgartige Charakter der Anlage vom Anfang des 17. Jahrhunderts – dem Escorial bei Madrid nachempfunden – ist deutlich zu erkennen.

In den Wänden der Hauptapsis befinden sich Nischen, in denen die Gebeine von dreizehn Habsburgern des 13. und 14. Jahrhunderts ruhen. Diese Gebeine wurden von den Mönchen aus St. Blasien 1809 nach St. Paul mitgebracht.

Der ursprüngliche Kapitelsaal wurde 1619 zur *Sakristei* umgestaltet, welche heute den einzigen Zugang zur sogenannten *Rabensteinerkapelle* bildet, die bis dahin ein freistehendes Gebäude gewesen war. Diese Kapelle wurde Ende des 14. Jahrhunderts von den Herren von Rabenstein als Begräbnisstätte gestiftet und über den Fundamenten einer älteren Marienkapelle errichtet. Die Rabensteinerkapelle enthält mehrere bedeutende Fresken: aus der Erbauungszeit einen Marientod und eine Marienkrönung – Werke eines unbekannten Wanderkünstlers –, eine Schutzmantelmadonna aus der Zeit um 1500, eine Marienlegende von 1540 und schließlich das große Weltgerichtsfresko von 1618, ein Werk von Anton Blumenthal oder von Jakob Lorenz Gabler, beides Künstler, die

für Abt Marchstaller arbeiteten, als dieser das Stift einer umfassenden Neugestaltung unterzog.
Im Zuge dieser Neugestaltung entstanden die Stiftsgebäude zwischen 1618 und 1683. Auf einem Gemälde, das den heiligen Benedikt darstellt, hat Jakob Lorenz Gabler, der vielbeschäftigte Hausmaler Marchstallers, im Hintergrund die Anlage des Stiftes dargestellt, wie der Abt sie erträumte: allseitig geschlossen, mit Türmen über den Ecken sowie über dem Südtor. Dieses Gemälde befindet sich heute in der Sakristei.

Links: Winterrefektorium (nicht zugänglich); an der Decke Fresken von Suitbert Lobisser aus dem Jahr 1932.
Rechts: Innenansicht der Stiftskirche. Trotz zahlreicher Veränderungen ist der Charakter der dreischiffigen romanischen Pfeilerbasilika erhalten geblieben.

Beide *Refektorien,* das Sommer- und das Winterrefektorium, sind mit ausgezeichneten Stukkaturen geschmückt. Im Winterrefektorium, das auch heute seiner ursprünglichen Bestimmung dient, stammen sie sehr wahrscheinlich von Kilian Pittner, der auch im Spittaler Schloß und in Maria Saal tätig war. In den vier Gewölbefeldern stellte Suitbert Lobisser 1932 »Die vier Arten der Benediktinermönche« dar.
Das Sommerrefektorium ist heute allgemein zugänglich und wurde in die Ausstellungszwecken dienenden Räume mit einbezogen. Die Stukkaturen sind vermutlich ein Werk des Sohnes Pittners namens Marx Josef. In den beiden Gewölbefeldern befinden sich abermals Fresken Suitbert Lobissers aus dem Jahr 1932.

Links: Rabensteinerkapelle, im 14. Jahrhundert als Grablege der Herren von Rabenstein errichtet. Sie enthält bedeutende Fresken des 16. und 17. Jahrhunderts.
Rechts: Selbstbildnis Suitbert Lobissers (rechts, mit Laute; Detail aus den Fresken im Winterrefektorium).

Er schuf auch ein großes Fresko an der Nordwand des Saales, das den Einzug der Hirsauer Mönche im Jahre 1091 zum Inhalt hat, sowie ein weiteres an der Südwand, das die vergebliche Belagerung St. Pauls durch die Türken 1476 darstellt.
An das Sommerrefektorium schließt das sogenannte *Turmkabinett* an, ein anmutiger sechseckiger Raum, wiederum geschmückt mit Stukkaturen Marx Josef Pittners. Ob er auch der Maler des kleinen Deckenfreskos »Der Sturz des Saulus« ist, ist unbekannt.
Im Obergeschoß der Stiftsgebäude befinden sich die Säle der *Sammlungen.* Die Räume tragen prächtig geschnitzte Holzdecken aus dem frühen 17. Jahrhundert. Die bedeutendsten Exponate der Kunstsammlungen sind eine Ölskizze von Rubens, ein silberner Buchdeckel von 1440, der ein Elfenbeinrelief der Metzer Schule, entstanden um 900, enthält; ferner ein Reliquienkreuz aus dem späten 11. Jahrhundert, das die ungarische Königin Adelheid, Gemahlin Ladislaus' des Heiligen, in Auftrag gegeben hatte, um die in ihrem Besitz befindliche Kreuzreliquie aufzunehmen, sowie eine Glockenkasel aus dem 12. Jahrhundert. Eine besondere Kuriosität stellt eine Sammlung von rund 300 holzgeschnitzten Figürchen dar, die alle mit Schwarzwälder Trachten der Zeit um 1800 dargestellt sind und von Benediktinern aus St. Blasien angefertigt wurden. Ob diese die Figuren bereits mitbrachten oder erst in St. Paul in Erinnerung an ihre bisherige Heimat fertigten, kann heute nicht mehr geklärt werden.
Nach der erwähnten Skizze von Peter Paul Rubens (dargestellt ist die »Anbetung der Hirten«) wurde 1618, also noch im Entstehungsjahr der Ölskizze, von der Werkstatt Rubens' das Hauptaltarblatt der Kathedrale von Soissons (in der Nähe von Paris) ausgeführt. Ein weiterer interessanter und wertvoller Bestand der Sammlung der Gemälde und Graphiken sind fünfzehn Ölgemälde von Johann Martin Schmidt, die für das 1807 aufgehobene Stift Spital am Pyhrn angefertigt worden waren. Den Benediktinern aus St. Blasien, die schließlich St. Paul wiederbesiedelten, war

ursprünglich das ehemalige Kollegiatstift Spital am Pyhrn zugewiesen worden, doch war den Mönchen das Klima in der rauhen, gebirgigen Landschaft zu unwirtlich. Beim Umzug nach St. Paul nahmen die Mönche jene Gemälde sowie weitere Kunstschätze und Bücher aus Spital mit, was sich insoferne als Segen erweisen sollte, als das leerstehende Stift Spital 1847 von einem verheerenden Brand heimgesucht wurde.

Die *Bibliothek* des Stiftes entstand unter Abt Albert Reichart »in dem Jahr, in dem die Türken durch eine abermalige Belagerung Wien vergeblich zu erobern suchten«, also 1683. Der Raum erhält seine einmalige Wirkung von den großartigen Fresken, die die Decke vollständig ausfüllen und in narrativer Weise die zwölf Sternzeichen und verschiedene Sternbilder darstellen. Die Fresken sind nicht signiert, stammen aber nach neuesten Erkenntnissen von Wolfgang Bernard Veldner aus dem Jahre 1683.

Während das Stiftsarchiv zahlreiche, bis ins 9. Jahrhundert zurückreichende Urkunden bewahren konnte, ging der mittelalterliche Bestand der Bibliothek bis auf ein einziges Exemplar bei der Klosteraufhebung verloren. Der heutige Bestand aus überaus wertvollen frühen Werken setzt sich einerseits aus dem aus St. Blasien mitgebrachten Kulturgut zusammen, andererseits aus den Beständen der Bibliothek des ebenfalls aufgehobenen, aber nicht wiederbesiedelten Kollegiatstiftes Spital am Pyhrn. Die älteste Kostbarkeit ist eine Abschrift

Links und rechts: Details aus den Fresken der Bibliothek, einem Werk von Wolfgang Bernard Veldner aus dem Jahr 1683.

eines Werkes des heiligen Ambrosius aus dem 5. oder 6. Jahrhundert. Die bedeutendste der karolingischen Handschriften aus dem 8. und 9. Jahrhundert ist eine Gesetzessammlung, während von den illuminierten Handschriften die »Sponheimer Handschrift« von 1129 und das Psalterium aus der Abtei Ramsey (Mittelengland) aus dem späten 13. Jahrhundert als die wertvollsten gelten.

Der Konvent von St. Paul umfaßt derzeit sechzehn Mitglieder, inklusive Novizen und Brüdern. Vier inkorporierte Pfarren sind zu betreuen. Die wirtschaftliche Grundlage des Stiftes bilden das Gymnasium, dessen Bedeutung bereits erwähnt wurde, ein Sägewerk, eine Tischlerei und eine Schmiede.

Seckau

Hic seca!« – »Hier fälle!« Dies habe eine himmlische Stimme dem Gründer Seckaus, dem Hochfreien Adalram von Waldeck aus dem Geschlecht der Herren von Traisen, zugerufen. So will es jedenfalls die Legende. Tatsächlich aber leitet sich der Name Seckau vom slawischen »zegova« ab, was soviel wie »Platz der Brandrodung« bedeutet.
Adalram, ein großer Bewunderer des heiligen Augustinus, hatte 1140 bei der Kirche der heiligen Maria zu Feistritz im oberen Murtal, dem späteren St. Marein bei Knittelfeld, ein Augustiner-Chorherrenstift gegründet, das jedoch schon zwei Jahre später verlegt wurde: eben auf die Ebene von Seckau. Dieses Stift, das in seiner Frühzeit als Doppelkloster existierte, wurde von Adalram reich beschenkt; schließlich traten er und seine Gemahlin Richieza in das Doppelkloster ein.
1143 bis 1164 wurde die eindrucksvolle romanische Basilika erbaut und im Jahr der Fertigstellung vom seligen Hartmann, Bischof von Brixen, geweiht. Das Patrozinium ist Mariä Himmelfahrt. Bereits 1218 gründete auf Betreiben des Babenbergerherzogs Leopold VI. Eberhard II., Erzbischof von Salzburg, das Suffraganbistum Seckau. Die Seckauer Basilika war von nun an die Bischofskathedrale des Bistums. Dies drückt sich auch heute noch, nach der Neuordnung der Bistümer, im Titel des steirischen Landesbischofs aus: »Bischof von Graz-Seckau«.
Das Augustiner-Chorherrenstift Seckau bestand von 1143 bis 1782. Die Aufhebungsgesetze Josefs II. bedeuteten auch für Seckau zunächst das Ende klösterlichen Lebens. Die wertvollen Bestände der Bibliothek kamen nach Graz, wo sie heute einen Teil des Steiermärkischen Landesarchivs bilden. Die Klostergebäude verfielen zusehends; 1840 wurde die vom Minnesänger Ulrich von Liechtenstein gestiftete frühgotische »Liechtenstein-Kapelle« abgetragen, da niemand die Renovierungskosten tragen wollte.
Im Jahr 1860 gab es in Deutschland – mit Ausnahme von Bayern – kein einziges Benediktinerkloster mehr. In diesem Jahr wurden zwei deutsche Mönche, die Mitglieder des Konvents von S. Paolo fuori le mura in Rom waren, von Papst Pius IX. damit beauftragt, die Neubelebung

Vorhergehende Seite: Kreuzgang der Abtei mit Blick auf das Kirchenschiff und die neoromanischen Türme.
Rechts: Blick in den romanischen Kirchenraum mit spätgotischem Sternrippengewölbe.

des Benediktinerordens in ihrer Heimat in Angriff zu nehmen. Sie begannen 1862 mit der Besiedlung des ehemaligen Augustiner-Chorherrenstifts Beuron im oberen Donautal. Zwischen 1866 und 1873 formte sich die Beuroner Kongregation, die innerhalb des Benediktinerordens besondere Ziele verfolgte und deren geistliches Profil unter anderem durch den grundsätzlichen Primat Gottes im Tagesablauf, die Prägung des alltäglichen Lebens durch Ehrfurcht, Takt und Brüderlichkeit im persönlichen Verhalten, durch die Durchdringung von Gottesdienst, Arbeit und persönlichem geistigem Leben, durch die Offenheit für pastorale, wissenschaftliche und handwerklich-künstlerische Aufgaben und nicht zuletzt durch wechselseitiges Geben und Nehmen von Männer- und Frauenklöstern in der gleichen Kongregation gekennzeichnet ist.

Heute gehören der Beuroner Kongregation zwanzig Klöster in Deutschland, Österreich (Seckau sowie das Frauenstift Bertholdstein in der Oststeiermark) und Dänemark an.

1883 erfolgte schließlich die Neubesiedlung Seckaus durch die Beuroner Benediktiner. Der Osttrakt des Stiftes war mittlerweile wegen Baufälligkeit abgetragen worden; 1886 stürzte der Nordturm ein. All dies waren Voraussetzungen für eine grundlegende bauliche Erneuerung, deren Einzelheiten später erwähnt werden. 1891–1894 wurden auch die beiden neoromanischen Türme errichtet.
Die geistige Erneuerung schritt ebenso schnell voran. Ein Privatgymnasium wurde gegründet; berühmt waren die Werkstätten unter der Leitung von Meister-Brüdern – getreu der Regel des heiligen Benedikt, die sagt: »Die Brüder sollen sich zu bestimmten Zeiten mit Handarbeit, zu bestimmten Stunden dagegen mit heiliger Lesung

Links: Blick auf die Klosteranlage von Südwesten. Im Hintergrund die Seckauer Alpen.
Rechts: Laubengang am Westtrakt des Stiftes.

beschäftigen.« 1930 wurde schließlich die Seckauer Klosterkirche von Papst Pius XI. zur »basilica minor« erhoben. (Die Hauptkirchen Roms tragen die Bezeichnung »basilica maior«, alle anderen Kirchen können mit päpstlichem Beschluß zur »basilica minor« erhoben werden.) Nach einer letzten vorübergehenden Unterbrechung des klösterlichen Lebens 1940–1945 wurden seit 1960 umfangreiche Verbesserungs- und Renovierungsarbeiten durchgeführt, die zum Teil noch andauern.

Die *Kirche* betritt man durch das Westportal aus der Mitte des 12. Jahrhunderts. Das Hochrelief im Tympanon stammt zwar von 1260, befindet sich jedoch erst seit 1964 dort. Aus dieser frühen Epoche stammen auch die Eisenbeschläge des Kirchenportals (Ende 12. Jahrhundert).

Links: Spätgotische Dreifaltigkeitsdarstellung mit Krönung Mariens in der Bischofskapelle.
Rechts: Refektorium mit Wandgemälden der Beuroner Schule (19. Jahrhundert).

Die Raumwirkung der dreischiffigen romanischen Basilika ist im wesentlichen so erhalten geblieben, wie sie von den sächsischen Baumeistern konzipiert wurde. Die Breite des Mittelschiffes bildet das Einheitsmaß von 7,9 Metern. Dessen Sechsfaches ergibt die Länge des Mittelschiffes, dessen Doppeltes bildete seine Höhe. Der Abschluß erfolgte ursprünglich durch eine Holzkassettendecke, die jedoch schon 1259 einem Brand zum Opfer fiel. Danach wurde kurzfristig noch einmal eine flache Holzdecke eingezogen, die jedoch schon bald den gotischen Kreuzrippengewölben (in den Seitenschiffen) und dem spätgotischen Netzgewölbe (im Mittelschiff) weichen mußte.
Bemerkenswert ist der Würfelfries, der sich nur über die rechte, die südliche, Säulen- und Pfeilerreihe zieht. Auf der gegenüberliegenden Seite ist er durch ein einfaches Lisenenband ersetzt.
Der Altarraum wurde 1964 von Clemens Holzmeister neu gestaltet. Seither befindet sich über der ehemaligen Trennungslinie zwischen Mönchschor und Kirchenraum,

dem Lettner, die eindrucksvolle romanische Kreuzigungsgruppe, deren Figuren zwischen 1160 und 1200 entstanden sind. Alle drei Figuren waren in romanischer Zeit bereits im Dom, wurden jedoch im Mittelalter entfernt und in zwei verschiedenen Wegkapellen untergebracht. Während der Kruzifixus direkt aus dieser Kapelle schon bei der Wiederbesiedlung Seckaus durch die Beuroner Benediktiner Ende des 19. Jahrhunderts in die Kirche zurückgebracht wurde, stammen die sogenannten Assistenzfiguren vom »Gaaler Kruzifix«, das nach der Entfernung eben dieser Figuren in unserem Jahrhundert zunächst in den Kunsthandel gelangte und sich heute im Tiroler Landesmuseum Ferdinandeum befindet.

Links: Detail (Darstellung des auferstandenen Christus) vom Epitaph des 1587 gestorbenen Propstes Laurentius Spielberger im nördlichen Seitenschiff der Basilika.
Rechts: Detail vom Kenotaph im Habsburgermausoleum, das sich am Ende des nördlichen Seitenschiffes befindet. Das Mausoleum zählt zu den bedeutendsten Werken der Spätrenaissance nördlich der Alpen.

Diese Neuordnung des Altarraumes, welche in ihrer Schlichtheit zu den romanischen Wurzeln des Doms zurückführt, machte den neoromanischen Hochaltar von 1893 überflüssig. Er wurde in die neoromanische Franz-von-Assisi-Kirche auf dem Wiener Mexikoplatz verbracht. Das Gestühl des *Mönchschores* stammt aus dem Jahr 1887 und wurde in der klostereigenen Tischlerei angefertigt. Im Mönchschor ruhen – seit 1964 – die Gebeine der Stifter von Seckau, deren ursprüngliches Hochgrab sich einst in der Mitte der Kirche befunden hatte. Der heutige Altarraum entstand erst 1892 im Zuge einer Erweiterung der Kirche. Dabei wurden die drei romanischen Apsiden, die den Kirchenraum ursprünglich auf der Höhe des Mausoleums abgeschlossen hatten, um zwei Jochbögen nach Osten versetzt. Im südlichen Teil des so entstandenen Seitenschiffes befindet sich heute ein spätromanischer *Freskenzyklus* mit Szenen aus dem Leben Johannes des Täufers, der 1953 aus dem Kloster hierher übertragen wurde.

Der Kirchenumbau der Jahre 1891–1894 brachte neben der Einfügung des Seitenschiffes noch weitere Veränderungen mit sich. So wurde etwa die barocke Empore an der Westseite der Kirche abgetragen; an dieser Stelle befindet sich heute die 1959 errichtete große Orgel. Die westliche Wand der Basilika zieren fünf Totenschilde der Ritter von Prank; aus dieser Familie, die im Laufe der Jahrhunderte auch drei Pröpste von Seckau stellte, stammt die Gemahlin des Gründers.

Zwei der drei *Seitenkapellen* an der Nordseite der Kirche entstanden erst durch den mehrfach erwähnten Umbau: die Engelkapelle und die Sakraments- oder Gnadenkapelle. Die *Engelkapelle* wurde von 1952 bis 1960 von Herbert Boeckl mit Fresken ausgestattet. Die Arbeit nimmt Themen aus der Apokalypse

auf und ist als »Seckauer Apokalypse« und als eines der bedeutendsten Werke sakraler Kunst in Österreich in diesem Jahrhundert bereits in die Kunstgeschichte eingegangen.
Die *Sakraments- oder Gnadenkapelle* enthält neben einer Holzplastik von 1420, die den Stifter, den seliggesprochenen Adalram von Waldeck, darstellt, vor allem das Seckauer Gnadenbild: die sogenannte »Nikopoia« (= Siegbringerin). Das Marmorrelief wurde vermutlich um 1200 in einer venezianischen Werkstatt nach byzantinischem Vorbild angefertigt; seine Verehrung in Seckau ist seit dem 13. Jahrhundert bezeugt. 1953 wurde in der klostereigenen Goldschmiede eine neue Fassung für dieses Kleinod hergestellt.
In der *Bischofskapelle,* die als einzige der Seitenkapellen schon aus gotischer Zeit stammt, befindet sich der Mariä-Krönungs-Altar von 1489, ein Schnitzwerk aus einer Südtiroler Werkstatt, die Dreieinigkeit Gottes darstellend: Vater, Sohn und Heiliger Geist. Die Darstellungsweise ist allerdings für den deutschen Sprachraum ganz ungewöhnlich: einem Körper mit zwei Händen entwachsen drei gekrönte Häupter, die die gleichen Gesichtszüge aufweisen. Diese Darstellungsweise wurde später auf dem Konzil von Trient (1545–1563) verboten. Die Bischofskapelle diente ursprünglich als Raum für die Gottesdienste des Frauenklosters, das 1492 aufgelassen wurde.
Ebenfalls an der Nordwand, aber nicht als Anbau, sondern in den Kirchenraum hineingebaut befindet sich das *Mausoleum* der Habsburger. Es gilt als Hauptwerk der Spätrenaissance am Grazer Hof. Erzherzog Karl II. ließ es 1587 bis 1610 errichten. Begonnen wurde dieses Kunstwerk, in dem Elemente der Architektur, der Plastik und der Malerei zu einem harmonischen Ganzen verschmelzen, von Alexander de Verda, nach dessen Entlassung

Rechts: Mariensäule auf dem Vorplatz des Stiftes, die 1715 aus Dankbarkeit für das Erlöschen der Pest errichtet wurde.

wurde es von Sebastiano Carlone vollendet. Die Malereien stammen von Teodoro Ghisi. Der Grundgedanke des Gesamtkunstwerks ist die Auferstehung, die Karl II. gemeinsam mit seiner Gemahlin, sechs Kindern und zwei Enkelkindern hier erwartet. Karls Gemahlin Maria entstammte dem Haus Wittelsbach; daher wechseln die Wappen des Hauses Habsburg mit dem der Wittelsbacher in verschiedenen Darstellungen ab.

Die *Klostergebäude* erhielten ihre heutige Gestalt durchwegs im 16. und 17. Jahrhundert. Eine Ausnahme bildet nur der *Kapitelsaal,* der noch aus romanischer Zeit stammt und 1703–1733 barockisiert wurde. Nach der Entdeckung von Fensterarkaden mit je zwei Säulenpaaren aus der Frühzeit des Klosters wurde eine durchgreifende Restaurierung durchgeführt, die den ursprünglichen Charakter des Raumes nun besser zur Geltung kommen läßt. Seit 1983 dient der Raum wieder als Kapitelsaal.
Der *Kreuzgang* stammt von 1588, während der barocke *Bibliotheksraum* heute als Refektorium dient, da die Bibliothek ab 1883 neu aufgebaut wurde. Sie umfaßt heute 120.000 Bände.

Links: Spätgotische Sekko-Malerei in der – nicht zugänglichen – Luciakapelle. Diese Kapelle war einst Teil des Armenspitals (erbaut um 1500), das sich nicht erhalten hat.
Rechts: Engelkapelle (im nördlichen Seitenschiff der Basilika) mit den bedeutenden, 1952 bis 1960 entstandenen Fresken Herbert Boeckls. Dargestellt sind Szenen aus der Apokalypse.

Der bedeutendste Repräsentationsraum des Stiftes ist der aus der Spätrenaissance stammende *Kaisersaal* mit üppiger Stuckdekoration, der seinen Namen von einem Besuch Kaiser Leopolds I. im Jahr 1660 herleitet.
Die Gesamtanlage wird von einer Mauer umschlossen, die als Wehranlage gegen die Türken diente. Der Seckauer Konvent umfaßt heute 21 Priester und Brüder. Nur noch einer von ihnen ist ein Handwerksmeister (Goldschmied), drei lehren im Gymnasium, das längst Öffentlichkeitsrecht besitzt und von großer kultureller Bedeutung für die Region, jedoch von geringer ökonomischer Bedeutung für das Stift ist. Neben ausgedehntem Grundbesitz verfügt das Stift über ein Elektrizi-

tätswerk, eine Meierei und eine Gärtnerei. Empfindlicher Personalmangel ist freilich in allen Bereichen spürbar.
Auf dem Platz vor dem Stift befindet sich eine schöne Mariensäule von 1715, die aus Dankbarkeit für das Erlöschen der Pest in der Seckauer Gegend errichtet wurde.
Im Norden wird dieser Vorplatz, der sogenannte Zellenplatz, von einem frühbarocken Bau abgeschlossen, in dem sich heute ein Hotel befindet. Bereits 1603 wird hier eine »Hofwirts- oder Steinhaustavern« erwähnt.
Vor dem Friedhof des kleinen Ortes befindet sich die *Luciakapelle.* Sie war Teil des Armenspitals, das Propst Johannes Dürnberger um 1500 erbauen hatte lassen. Im Inneren der heute unbenützten und nicht zugänglichen Kapelle sind wertvolle spätgotische Sekko-Malereien erhalten geblieben.

Nonnberg

In den ersten Jahren nach 700 kehrte der heilige Rupert von einer Reise in seine Heimatstadt Worms, deren Bischof er zunächst gewesen war, nach Iuvavum zurück. Die Stadt trug damals noch den alten römischen Namen, erhielt aber wenig später aufgrund des regen Salzabbaus, den Rupert förderte und organisierte, um der armen Bevölkerung neue und regelmäßige Einkunftsmöglichkeiten zu eröffnen, den Namen »Salzburg«.
Rupert gehörte mit den – ebenfalls heiliggesprochenen – Emmeram und Korbinian zu den drei Missionaren, die von den karolingischen Hausmeiern um 700 in das Gebiet der bayerischen Stämme entsandt wurden. Er hatte in Salzburg bereits das Kloster St. Peter, das älteste Kloster des deutschen Sprachraumes, gegründet, als er von der erwähnten Reise seine Nichte Erentrudis mitbrachte. Sie wurde die erste Äbtissin jenes Frauenklosters am östlichen Ausläufer des Mönchsberges, das Rupert nun erbauen ließ.

Der Bayernherzog Theodo und sein Sohn Theodebert beschenkten das Stift mit Gütern um Salzburg, aber auch im Chiemgau, im Traun- und Attergau. Salzpfannen in Reichenhall gehörten ebenso dazu. Die Gemahlin Theodos, Regintrudis, soll der Überlieferung zufolge nach dem Tod Theodos selbst in das Kloster eingetreten sein.
Die klösterliche Gemeinschaft, der bis 1848 nur adelige Frauen beitreten konnten, widmete sich von Anfang an neben dem Gebet dem Unterricht von Frauen und Mädchen, der Pflege von Armen und Kranken sowie der handwerklichen Betätigung. Erst um 900, also später als bei manch anderen Klöstern, wurde die Ordensregel des heiligen Benedikt zur bestimmenden Grundlage des gemeinschaftlichen Lebens.
Von der ersten Klosterkirche, die wohl nahe dem noch erhaltenen Felsengrab der heiligen Erentrudis gestanden sein dürfte, blieben keine Spuren erhalten. Um das Jahr 1000 erlebte das Kloster unter der Äbtissin Wiradis eine Hochblüte; damals wurde auch ein Neubau der Kirche begonnen, die 1009 von Erzbischof Hartwich in Gegenwart Kaiser Heinrichs II. und seiner Gemahlin Kunigunde, beide später heiliggesprochen, geweiht wurde. In dieser Zeit kam es auch zu einer Reihe von Tochtergründungen; das steirische Göß, St. Georgen am Längsee und Erla in Niederösterreich gehörten dazu. 1041 wurde der Hochaltar der »Heinrichsbasilika« genannten Kirche vom Bischof von Gurk geweiht. Etwa 200 Jahre später erteilte Papst Gregor IX. (1227 bis 1241 – unter seiner Regentschaft wurde übrigens Franz von Assisi heiliggesprochen) der Äbtissin Gertraud II. und ihren Nachfolgerinnen das Recht der Pontifikalien. Diese Pontifikalien waren das »Faldistorium«, ein Faltstuhl, der Bischofsstab und die Mitra oder Inful genannte Bischofsmütze. Äbtissinnen tragen statt der Inful eine Krone. Ein solches Faldistorium aus der ersten Hälfte des 13. Jahrhunderts wird in Nonnberg noch aufbewahrt.

Vorhergehende Seite: Links Teile der Konventsgebäude, rechts das Kirchenportal und der im Kern romanische Turm der Stiftskirche mit barockem Turmhelm.
Rechts: Das Kapitelzimmer mit Fresken aus dem Jahr 1571.

1417 wurde in der Abtei, für die sich längst der Name Nonnberg eingebürgert hatte, der erhöhte Frauenchor errichtet, 1423 jedoch brannten Kirche und Kloster ab und wurden über dem romanischen Grundriß in spätgotischen Formen neu errichtet. 1475 erfolgte die Einweihung des Hochaltares und der darunterliegenden Krypta, 1507 wurde das Gewölbe geschlossen. Im 17. Jahrhundert wurde die Ausstattung vervollkommnet (etwa die Seitenkapellen und die Fresken im Frauenchor), 1711 schließlich der Kirchturm erhöht und mit einem Zwiebelhelm versehen.
Nonnberg war nie von der Aufhebung bedroht; allerdings brachten die Säkularisation des Erzbistums Salzburg und die Franzosenkriege große Schwierigkeiten mit sich. So gingen damals kostbare Handschriften verloren, die sich heute in München befinden.
Unter der Äbtissin Magdalena Klotz begann gegen Ende des 19. Jahrhunderts eine Neuorientierung, angeregt durch die damals entstandene Beuroner Kongregation (vgl. Seckau). In diesem neuen Geist

wurden auch zwei Neugründungen vorgenommen, nämlich St. Gabriel in Prag und St. Hemma in Gurk. Beide Gründungen bestehen noch, befinden sich jedoch nicht mehr am ursprünglichen Ort: Der Konvent von St. Gabriel übersiedelte nach Bertholdstein in der Steiermark, jener von St. Hemma existiert als St. Erentraud in Kellenried (Württemberg) weiter.

Die *Klosterkirche* mit dem Patrozinium Mariä Himmelfahrt ist als einziger Teil des Klosterkomplexes allgemein zugänglich. Das Gotteshaus birgt eine Reihe interessanter Kunstwerke. Im Portal der dreischiffigen Basilika enthält die Lünette Reste der alten romanischen Basilika. Spätgotisch sind die Statuetten aus Holz, die zu beiden Seiten das Portal flankieren, die Heiligen Maria, Rupert, Erentrudis und Heinrich darstellend.

Das Mittelschiff der Kirche ist bedeutend höher als das Seitenschiff, die Fresken im Rippengewölbe stellen musizierende Engel und Benediktiner-Chorfrauen dar. Der Chor ist gegenüber dem Langhaus um neun Stufen erhöht. Der *Hochaltar,* ein dreiteiliger Flügelaltar, entstand um 1515; die Figuren im Mittelteil stellen die Muttergottes, den heiligen Rupert und den heiligen Virgil – als fünfter Abt St. Peters und Bischof Nachfolger Ruperts und Erbauer des Salzburger Doms – dar.

Das mittlere der drei hohen, mit Maßwerk durchsetzten *Glasfenster* der Hauptapsis stammt von 1480 und wurde in Straßburg gefertigt, die beiden anderen Fenster stammen aus neuerer Zeit. Gotisch sind hingegen auch die Glasfenster der beiden Seitenapsiden; sie stammen aus den Jahren 1415 und 1522. In der rechten Seitenapsis befindet sich der Katharinenaltar, ein Werk des Meisters Wenzel aus dem Jahr 1522. Nur mit speziellen Führungen zugänglich sind die romanischen Fresken unter dem Nonnenchor – das bedeutendste Kunstwerk der Kirche – und die Krypta. Diese byzantinisch beeinflußten Fresken sind der letzte Rest der alten Kirchendekoration und werden um 1150 datiert. Dargestellt sind die Heiligen Augustinus, Benedikt, Rupert, Gregor, Stephan und Florian.
Achtzehn freistehende Säulen tragen das Gewölbe der romanischen, 1471 spätgotisch erneuerten *Krypta,* der einzigen bedeutenden Krypta des Landes Salzburg. Darin befindet

Links: Blick in den Klosterhof.
Rechts: Blick vom Stift Nonnberg auf die Festung Hohensalzburg.

sich das Felsengrab der heiligen Erentrudis, darüber ein Marmoraltar von 1822.
Die Nordwand der Kirche ist als Nonnenempore ausgeführt. Diese spätgotische Abschlußwand ist architektonisch reich gegliedert und ruht auf romanischen Säulen. Im nördlichen Seitenschiff finden sich Grabsteine von Äbtissinnen, die bis ins 13. Jahrhundert zurückreichen und 1895 aus dem Kirchenpflaster gehoben und hier aufgestellt wurden; im südlichen Seitenschiff drei barocke, 1624 erbaute Kapellen, die Benediktus-, Josefs- und Kreuzkapelle. Die kunstvollen Eisengitter stammen von 1625. Die *Benediktuskapelle* (neben dem Kirchenportal) dient seit dem 17. Jahrhundert als Grabstätte der Äbtissinnen; die *Kreuzkapelle* enthält das Grabmal der Reklusin Willa. Eine Reklusin (cludere bedeutet abschließen oder einschließen) war eine Nonne, die auf Lebenszeit in ihrer Zelle eingemauert war. Willa lebte um 1000 und hatte ihre Zelle nahe dem Portal der romanischen Kirche.
Nahe der Klosterpforte befindet sich noch die *Johanneskapelle,* die einen um 1500 geschaffenen Flügelaltar enthält, ein Werk entweder von Veit Stoß selbst oder von einem seiner Mitarbeiter. Dargestellt ist die Anbetung durch die Hirten. Dieser Altar wurde dem Stift vom Salzburger Erzbischof Wolf Dietrich von Raitenau, dem die Stadt Salzburg ihr barockes Erscheinungsbild verdankt, geschenkt.
Das nicht allgemein zugängliche *Stiftsmuseum* enthält neben dem bereits erwähnten Faldistorium unter anderem die Äbtissinnenkrone aus dem 15. Jahrhundert, Medaillons und Miniaturbilder, die teilweise noch aus dem 9. Jahrhundert stammen, und eine Krippensammlung.
Der *Kapitelsaal,* auch als Kapitelzimmer bezeichnet, hat ein Tonnengewölbe, das von einer freistehenden Marmorsäule getragen wird. Der Raum ist zur Gänze freskiert: An Blattranken ist der Stammbaum Christi dargestellt, während sich in den Lünetten Szenen aus dem Leben Mariä finden. Die Malereien entstanden 1571, waren dann lange übertüncht und wurden bei einer Renovierung im Jahr 1887 übermalt, so daß der ursprüngliche Bestand gelitten hat.
Die Benediktinerinnen der Abtei Nonnberg leben in strenger Klausur, woraus auch verständlich wird, daß nur die Klosterkirche zugänglich ist. Dennoch leben die Nonnen nicht in Isolation im negativen Sinn des Wortes; ihr Betätigungsfeld ist breit gefächert. Stift Nonnberg betreut ein Mädcheninternat. Die Nonnen pflegen die Musiktradition, in Werkstätten werden Gemälde restauriert und graphische Arbeiten ausgeführt. Weiters werden Landwirtschaft und Gartenbau betrieben. Auch gibt es noch immer das Sprechfenster an der Klosterpforte, wo sich Gläubige Rat und Zuspruch holen können. Gemäß der Benediktusregel wird dem feierlichen Chorgebet die größte Bedeutung im Tagesablauf beigemessen. Als Summe all dessen kann die Mischung aus monastischer Strenge und einer unwägbaren Heiterkeit, die den Alltag der Nonnen bestimmt, begriffen werden.
Der Konvent umfaßt derzeit 37 Ordensfrauen, einschließlich der Novizinnen.

Heiligenkreuz

Der Babenberger Leopold III., der Heilige, war eine der herausragendsten Persönlichkeiten seiner Zeit. Er regierte nicht nur sein Territorium – die »Ostmark« – sehr klug und erfolgreich, sondern gründete auch zwei der bedeutendsten Klöster Österreichs: Klosterneuburg, das »Hauskloster« der Babenberger (vgl. Klosterneuburg), und das Zisterzienserstift Heiligenkreuz.

Einer der Söhne Leopolds, Otto, war nach Paris gesandt worden, um dort seine Ausbildung zu erhalten, war dann aber in das Kloster Morimond eingetreten, ein Tochterkloster von Cîteaux, das dem Orden der Zisterzienser seinen Namen gegeben hatte. Aus Morimond kamen schließlich 1133 auch jene zwölf Mönche, die das neue Kloster Heiligenkreuz begründen sollten, nachdem Leopold das Land dafür gestiftet hatte. Der gedankliche Anstoß zu dieser Stiftung kam sicherlich von seinem Sohn Otto, der wenig später Abt von Morimond und noch später Bischof von Freising in Bayern wurde. Als Otto von Freising ist er in die Geschichte eingegangen. Er war politisch tätig – so nahm er etwa am zweiten Kreuzzug teil –, vor allem aber erwarb er sich große Verdienste als Geschichtsschreiber und Geschichtsphilosoph. Verdankte Klosterneuburg – wenigstens der Legende nach – seine Gründung einem Zufall, nämlich der Wiederauffindung des kostbaren Schleiers von Leopolds Gemahlin, so verband der Markgraf in Heiligenkreuz mit der Stiftung von Anfang an die Absicht, eine Grablege für sich und seine Dynastie zu schaffen. Von Bedeutung war ferner, daß die Zisterzienser sich stark auf die manuelle Arbeit konzentrierten, was neben der Schaffung eines spirituellen Zentrums auch dafür garantierte, daß das Land, das noch dazu an der noch nicht gefestigten Ostgrenze der Mark lag, vorbildlich kultiviert werden würde. In der Tat waren die Zisterzienser von Anfang an als fähige Land- und Forstwirte, Fischzüchter und Weinbauern bekannt.

Die Entwicklung von Heiligenkreuz verlief überraschend positiv. Unter dem ersten Abt Gottschalk lebten nicht weniger als 300 Mönche in den noch hölzernen Klostergebäuden, die Grangien (Eigenwirtschaftsbetriebe) reichten bereits bis Westungarn. Zwischen dem 12. und dem 14. Jahrhundert wurden von Heiligenkreuz aus nicht weniger als sieben Tochtergründungen vorgenommen, von denen heute allerdings nur noch zwei bestehen: 1138 wurde Zwettl besiedelt (vgl. Zwettl), 1142 Baumgartenberg in Oberösterreich. Dieses von Otto von Machland gestiftete Kloster war nicht sehr reich dotiert und hatte überdies unter ständigen Plünderungen und Kriegshandlungen zu leiden. Die Aufhebung erfolgte 1784, doch werden die nun stark modernisierten Klostergebäude seit einigen Jahren von einem Nonnenkonvent wieder bewohnt.

Vorhergehende Seite: Die monumentale Dreifaltigkeitssäule im Stiftshof wurde 1729 bis 1739 nach Plänen Giovanni Giulianis errichtet. Dargestellt ist die Aufnahme Mariens in den Himmel – jenes Mysterium, dem alle Zisterzienserkirchen geweiht sind.
Rechts: Detail der Dreifaltigkeitssäule.

1194 folgte Klostermarienberg (Burgenland), das 1532 nach der Zerstörung durch die Türken verlassen war und im 17. Jahrhundert vom damaligen Besitzer Paul Esterházy dem Stift Lilienfeld geschenkt wurde, in dessen Besitz sich die verbliebenen Gebäude heute noch befinden.
1203 wurde Lilienfeld besiedelt, eine Gründung Leopolds VI., des Glorreichen. 1263 erfolgte die Besiedlung von Goldenkron in Südböhmen (heute Zlata Koruna, ČSFR), eine Stiftung Přemysl Ottokars II. Die letzte Tochtergründung von Heiligenkreuz war Neuberg an der Mürz, das 1327 von Herzog Otto dem Fröhlichen, einem Enkel Rudolfs I. von Habsburg, gestiftet wurde und nach vielen Krisen ausgerechnet zum Zeitpunkt seines wirtschaftlichen Höhe-

punktes 1786 aufgehoben wurde. Von Heiligenkreuz aus neu besiedelt wurde die bereits 1183 gegründete Zisterze Sankt Gotthard an der Raab (heute Szentgotthárd, Ungarn). Das alte Münster war 1605 vom österreichischen Militär im Zuge der Kämpfe gegen die Türken gesprengt worden und wurde 1734 von Heiligenkreuz mit allen umliegenden Dörfern erworben, wiederbesiedelt und neu aufgebaut. 1878 mußte Szentgotthárd der ungarischen Ordensprovinz in Zirc übergeben werden. Seit 1881 ist das 1444 gegründete Neukloster in Wiener Neustadt mit Heiligenkreuz vereint.

Die weitere Entwicklung von Heiligenkreuz wurde nie ernstlich unterbrochen; allerdings trafen beide Türkenbelagerungen Wiens das Stift auf das schwerste. Bei der ersten Türkenbelagerung und auch noch einige Jahre danach war das Kloster Opfer großer Verwüstungen, die umliegenden Pfarren standen verwaist. Seelsorge war ursprünglich nicht Sache der Zisterzienser, sie

war ihnen sogar verboten; in dieser Situation aber mußten die Heiligenkreuzer Patres der Not gehorchend diese Aufgabe übernehmen. So wandelte sich in der Folge das Stift auch zu einem seelsorglichen Zentrum. Während der zweiten Türkenbelagerung brannte das Stift zum Großteil aus, viele Menschen aus den umliegenden Dörfern wurden verschleppt oder getötet. Eine zweite Phase barocker Bautätigkeit schloß an diese Zeit der Zerstörung an. Das Stift konnte sich nun im 18. und 19. Jahrhundert kontinuierlich weiterentwickeln. Die Zeit Josefs II. brachte lediglich die Übernahme weiterer seelsorglicher Verpflichtungen mit sich. 1802 wurde die theologisch-philosophische Hauslehranstalt gegründet, die bis heute besteht.

Links: Blick vom romanischen Langhaus mit dem Chorgestühl zur gotischen Hallenkirche mit dem Hauptaltar.
Rechts: Der Kreuzgang entstand zwischen 1220 und 1250, als der romanische in den frühgotischen Stil überging.

Noch bevor man die weitläufige Anlage von Heiligenkreuz betritt, fällt unweigerlich der *Torturm* auf, der so wie alle Klostertrakte ein barockes Aussehen hat, aber weit älter ist. Der Turm stammt im Kern noch aus dem Mittelalter, als die Zisterzienserkirchen grundsätzlich keine Kirchtürme besaßen, statt dessen nur kleine Dachreiter trugen. Der Torturm übernahm daher die

Funktion eines Kirchturmes insoferne, als ein Hornwerk eingebaut war, das bei liturgischen Anlässen, aber auch bei Gefahr betätigt und später durch ein Glockenspiel ersetzt wurde.
Der *Stiftshof* ist geprägt von den Arkadenbauten Isidor Canevales aus dem 17. Jahrhundert und von der *Dreifaltigkeitssäule,* ebenso wie der benachbarte *Josefsbrunnen* ein Werk Giovanni Giulianis, der zahlreiche Kunstwerke für das Stift geschaffen hat, diesem über Jahrzehnte verbunden war und in der Mitte seines Lebens sogar als Familiar in die Klostergemeinschaft aufgenommen wurde.
Die Kirchenfassade ist romanisch und stammt noch aus der ersten Bauphase der Kirche. Die beiden Portale allerdings sind Hinzufügungen des 13. Jahrhunderts, da die Zisterzienserkirchen in früher Zeit nur von der Klausur her zugänglich waren.
Das Innere der Stiftskirche bietet sich dem Betrachter als seltenes Beispiel einer weitgehend unverändert erhalten gebliebenen Zisterzienserkirche. Der Bau orientiert sich streng am Vorbild Cîteaux. Zwei Bauphasen sind erkennbar: das

Links: Die Sakristei wurde zwischen 1658 und 1693 erbaut; die Fresken Carpoforos Tencallas entstanden 1670, der Stuckdekor 1708. Die reich intarsierten Sakristeischränke wurden von Laienbrüdern Anfang des 19. Jahrhunderts angefertigt.
Rechts: Detail aus einem Sakristeischrank.

romanische Langhaus aus den Jahren 1135 bis 1160 und der gotische Hallenchor, der 1295 geweiht wurde.
Jedes Jahr reisten alle Zisterzienseräbte, so auch jener von Heiligenkreuz, nach Cîteaux. Von dort kamen neue Ideen, aber auch Handwerker. Burgund war ein Zentrum der neuen, frühgotischen Formensprache, und sein Vorbild drückt sich auch in der Heiligenkreuzer Kirche aus. Der in dieser Zeit entstandene *Chor* bildet zusammen mit dem Querschiff eine lichtdurchflutete dreischiffige Hallenkirche, die für Österreich Modellcharakter gewinnen sollte. Dieser Bauteil der Kirche kontrastiert seltsam mit dem lichtarmen romanischen Langhaus; dennoch ergänzen die Teile einander.
Im 18. Jahrhundert wurde der Hallenchor barock umgeformt. Durch diese Umgestaltung, an der Martin Altomonte, Giovanni Giuliani und Johann Michael Rottmayr beteiligt waren, wurden allerdings die hohen Fenster, die stellenweise noch Scheiben aus der Zeit um 1300 aufwei-

sen, durch Seitenaltäre bis zur halben Höhe verdeckt, das Mittelfenster durch den Hochaltar sogar zur Gänze. Im 19. Jahrhundert wurde die barocke Ausstattung in diesem Teil entfernt und durch eine neogotische ersetzt.

Der *Hochaltar* stammt aus dem Jahr 1887, das im Baldachin hängende Kruzifix ist die Kopie eines italienischen, byzantinisch beeinflußten Werkes aus dem Jahr 1138. Auch die im nördlichen Querschiff befindliche große Orgel stammt aus dem 19. Jahrhundert. Sie wurde 1804 errichtet und stand ursprünglich auf einer Empore, die die Raumwirkung der Kirche stark beeinträchtigte und 1950 entfernt wurde. Für diese Orgel hat Franz Schubert 1828 eine Fuge komponiert und das Instrument auch selbst gespielt.

In den Wänden des Chores sind noch Nischen erkennbar, die

Links: Fraterie, ursprünglich ein Arbeitsraum, dessen Wandbemalung eine Mauerung mit Quadersteinen vortäuscht.
Rechts: Fresko in der Sakristei von Carpoforo Tencalla, um 1670; der Stuckrahmen stammt von 1708.

ursprünglich den Priestermönchen dazu dienten, täglich ihre Messe zu zelebrieren, da die erst durch das Zweite Vatikanische Konzil geschaffene Konzelebration unbekannt war. Am Anfang des Langhauses steht seit 1949 das barocke *Chorgestühl,* ein Werk Giovanni Giulianis, reich verziert mit Reliefs, die Szenen aus dem Leben Christi wiedergeben, und mit von Putten flankierten Büsten, welche Heilige aus dem Zisterzienserorden darstellen. Das anschließende Kirchengestühl ist eine ebenfalls sehr beachtenswerte Arbeit mit reichem Intarsienschmuck, ausgeführt von den Laienbrüdern Barth und Willer in den ersten Jahren des 19. Jahrhunderts. Zur selben Zeit und von denselben Meistern entstanden auch die noch reicher intarsierten Schränke in der im Südosten des Chores anschließenden *Sakristei.* Dieser Raum entstand Ende des 17. Jahrhunderts unter dem bedeutenden Barockabt Clemens Scheffer und wurde 1708 von A. Aliprandi stuckiert. Die Fresken stammen von Carpoforo Tencalla.

Um den *Kreuzgang* reihen sich traditionellerweise alle für das mönchische Leben wichtigen Räumlichkeiten. Die mittelalterliche Anlage besteht in Heiligenkreuz bis heute.

Mehr noch, die einzelnen Räume, die in allen Zisterzienserklöstern in gleicher Abfolge aneinandergereiht waren, blieben – ganz im Gegensatz zu vielen anderen Zisterzen – vollständig erhalten. Die Gründe dafür sind in der Verschonung des Klosters vor Zerstörung der Bausubstanz und in der in Heiligenkreuz insgesamt behutsam und unspektakulär durchgeführten Barockisierung zu suchen.

Der Kreuzgang entstand zwischen 1220 und 1250 und spiegelt den innerhalb dieser Zeit vollzogenen Stilwandel von der Romanik zur Frühgotik wieder. Die ursprünglichen Armutsvorstellungen des Zisterzienserordens – deren auffälligstes Symbol der Verzicht auf einen Kirchturm ist (der Heiligenkreuzer Kirchturm entstand erst 1674) – sahen keinen besonderen Schmuck und insbesondere keine farbige Ausmalung vor. Daher befinden sich im »Lesegang« genannten Abschnitt des Kreuzganges rein ornamentale Grisaillescheiben (Malerei in nur schwarzen und weißen Farbtönen), während schon wenige Jahre später, am Ende des 13. Jahrhunderts, farbiges Glas verwendet wurde. So haben sich im Brunnenhaus solche Scheiben mit Darstellungen von Mitgliedern des Hauses Babenberg erhalten.

Links: Blick in den Stiftshof.
Rechts: Putti am Sockel der Dreifaltigkeitssäule.

Das *Brunnenhaus* entstand um 1290. Dieser Zweckraum, der dessenungeachtet mit besonderer Sorgfalt gestaltet wurde, liegt nicht zufällig gegenüber dem Eingang zum Refektorium. Vor und nach den Mahlzeiten, aber auch nach der Arbeit hatten die Mönche hier Gelegenheit, sich zu reinigen. Der Brunnen selbst, der eigenartige Ablagerungen des silikathaltigen Wassers aufweist, ist ein Werk der Renaissance.
Der *Kapitelsaal,* entstanden am Anfang des 13. Jahrhunderts, wurde durch die Stuckierung und Ausmalung des 18. Jahrhunderts stark verändert, während die Glasfenster aus dem 19. Jahrhundert an mittelalterliche Traditionen anzuschließen versuchen. In der Mitte des Raumes liegt unter einer Grabplatte mit vollplastischer Figur Friedrich II., der letzte Babenberger, begraben. Einfachere Grabplatten decken die Gräber von Leopold IV. und Leopold V. Bis heute erfüllt der Konvent täglich

den Auftrag der Stifter, der toten Babenberger zu gedenken, indem eine Prozession durch den Kreuzgang am Kapitelsaal vorbei abgehalten wird.
Der anschließende kleine Raum ist das ehemalige *Parlatorium,* in früher Zeit der einzige Raum, in dem gesprochen werden durfte. Später wurde das Schweigen auf bestimmte Stunden des Tages und auf die ganze Nacht beschränkt, was heute noch gilt. Der Sprechraum, eben das Parlatorium, war damit seiner Funktion entkleidet und wurde im Barock von G. Giuliani zu einer Totenkapelle umgestaltet, wo seither Verstorbene aus der Mönchsgemeinde bis zum Begräbnis aufgebahrt werden.
Die *Fraterie,* ein weitläufiger Arbeitsraum mit dekorativer Bemalung, die eine Mauerung aus Quadersteinen vortäuscht, wurde kürzlich in ihrer originalen Form wiederhergestellt. An die Fraterie schließen das *Calefaktorium,* einst in der kalten Jahreszeit der einzige beheizte Raum, das *Refektorium,* die *Küche* und der *Konversentrakt* (Konversen= Laienbrüder) an. All diese Räume sind der Öffentlichkeit nicht zugänglich.

Links: Stiftshof mit Josefsbrunnen; wie die Dreifaltigkeitssäule ein Werk Giovanni Giulianis.
Rechts: Der barocke Kreuzweg befindet sich auf einem Hügel nördlich des Klosters. Geplant wurde er von Franz Anton Pilgram, der Figurenschmuck stammt aus der Werkstatt Giovanni Giulianis.

Über dem Kapitelsaal und der Fraterie liegt das *Dormitorium,* der ehemalige Schlafsaal der Mönche. Der dreischiffige Raum stammt aus dem 13. Jahrhundert; lediglich die Fenster wurden in der Barockzeit anstelle wesentlich kleinerer Fenster eingesetzt. Das Dormitorium hatte stets einen direkten Zugang zur Kirche, denn die Benediktusregel schreibt vor, daß die Mönche auf ein vereinbartes Zeichen hin sofort aufstehen und zum Gottesdienst eilen sollen. An die Südwand des Dormitoriums schloß die Latrinenanlage an, die nicht mehr erhalten ist. (Lediglich im Tochterkloster Zwettl blieb eine solche Anlage erhalten – vgl. Zwettl.)
In der Neuzeit wurden allgemein die gemeinsamen Schlafsäle aufgelassen, und so entstand auch in Heiligenkreuz im 17. Jahrhundert im direkten Anschluß an das alte Dormitorium der Zellentrakt, der in der Raumaufteilung dessen Funktion übernimmt.

Sowohl das *Stiftsmuseum,* das Gemälde des 15. bis 18. Jahrhunderts sowie eine reiche Sammlung von Skulpturen Giulianis enthält, als auch die *Bibliothek,* die in ihrer heutigen Form Ende des 17. Jahrhunderts entstand und rund 60.000 Bände enthält, sind nicht zugänglich.
Nördlich des Klosters befindet sich auf einem Hügel der reizvolle barocke *Kreuzweg,* geplant von Franz Anton Pilgram; die steinernen Heiligenfiguren stammen aus der Werkstatt Giulianis.
Bereits im Mittelalter hatten zahlreiche Klöster Häuser, sogenannte Klosterhöfe, in der Hauptstadt Wien, die vor allem dazu dienten, die landwirtschaftlichen Erzeugnisse der Klöster zu lagern und auf den Märkten zu verkaufen oder in eigenen Gastwirtschaften direkt zu verwerten. Melk und Göttweig unterhalten bis heute solche »Niederlassungen«, ebenso Heiligenkreuz: den weitläufigen Heiligenkreuzerhof in der Wiener Innenstadt. In der Barockzeit wirkten die Äbte wichtiger Klöster stets auch als hohe kaiserliche Funktionäre; in dieser Funktion residierten sie häufig in den in diesen Fällen entsprechend repräsentativ ausgestatteten Stadthöfen. Der Heiligenkreuzerhof wurde durch Franz Anton Pilgram ausgestaltet. Der schönste und auch einzige öffentlich (wenn auch nur zu bestimmten Anlässen) zugängliche Teil ist die *Bernardikapelle* mit prächtigen Schnitzarbeiten Giulianis und einem Altarbild Martin Altomontes. Altomonte war wie Giuliani Heiligenkreuz eng verbunden und hatte im Heiligenkreuzerhof eine Werkstatt. Hier starb er auch 1745 und wurde wie Giuliani in der Stiftskirche von Heiligenkreuz begraben. Bis heute wird der Heiligenkreuzerhof von einem Konventualen, dem »Hofmeister«, verwaltet.

Der Heiligenkreuzer Konvent besteht aus 53 Mitgliedern. Hauptaufgaben sind die Seelsorge und die Lehrtätigkeit an der hauseigenen philosophisch-theologischen Hochschule. Fünfzehn Pfarren sind dem Kloster inkorporiert, dessen wirtschaftliche Grundlage land- und fortwirtschaftliche Betriebe, einige Gewerbebetriebe und der Weinbau – etwa das bekannte Weingut Thallern – sind.

Zwettl

Svetla«: das bedeutet im Slawischen »Lichtung«; »claravallis« ist die entsprechende lateinische Bezeichnung für Zwettl in den alten Urkunden. Auf einer Lichtung also, inmitten des waldreichen Kamptales, liegt Stift Zwettl, das 1137 von Hadmar I. von Kuenring, einem reichen Ministerialen der Babenberger, unweit der schon bestehenden Stadt Zwettl gegründet wurde. Zwettl war zudem das erste Tochterkloster der 1133 gestifteten Zisterzienserabtei Heiligenkreuz.
Die Legende verklärt die Gründung: Hadmar und der erste Abt Hermann hätten in der Neujahrsnacht einen Traum gehabt, in dem ihnen die Muttergottes befahl, nach einer grünen Eiche zu suchen und an dieser Stelle den Altar des neuen Klosters zu errichten.

Bereits 25 Jahre nach der Gründung des Klosters war Zwettl Kampfgebiet: Sobieslaw II. von Böhmen und Hadmar II. bekriegten einander, und erst der Friede von Venedig brachte Zwettl endgültig zum babenbergischen »Territorium Austriae«. Die Kuenringer, die Kolonisatoren des Waldviertels, stiegen zunächst zu höchsten Ehren auf, bekämpften später aber mehrfach die Babenberger, was ihnen den Ruf von »Raubrittern« einbrachte. In all diesen Machtkämpfen blieben die Zwettler Zisterzienser stets auf der Seite der Babenberger.
Die Zwettler Mönche richteten sehr bald sogenannte Grangien, Eigenwirtschaftsbetriebe, ein, da den Zisterziensern ursprünglich der Besitz von Grund und Boden verboten war. Im 14. Jahrhundert wurden diese strengen Vorschriften gelockert. Stiftungen und Schenkungen sowie Ankäufe – besonders von Weingärten, Häusern und Höfen – kamen nun hinzu. Außerdem wurden ganze Pfarren angekauft, welche die Pfarrschenkungen des 12. bis 14. Jahrhunderts, die bis dahin von Weltpriestern betreut werden mußten, ergänzten.
Die Arbeit am ersten Kirchenbau schritt trotz des harten Granitgesteins, mit dem gearbeitet wurde, zügig voran, und das Gotteshaus konnte 1159 geweiht werden. Aus dieser Epoche sind noch der Kapitelsaal, das Dormitorium, also der Schlafsaal der Mönche, und die daran anschließende, als Kuriosum weithin bekannte Latrinenanlage erhalten.
Der Kreuzgang leitet bereits von der Romanik zur Gotik über. Unter Abt Ebro entstanden die frühgotischen Trakte des Klosters, die zu den ältesten Beispielen dieses Stils in Österreich zählten. Abt Ebro – er starb 1304 – ist übrigens der Verfasser des Zwettler Stiftungsbuches, der sogenannten »Bärenhaut«.

Vorhergehende Seite: Blick in den Stiftshof; im Hintergrund der Turm der Stiftskirche.
Rechts: Der Kreuzgang wurde unter Abt Ebro, der auch des Zwettler Stiftungsbuch, die sogenannte Bärenhaut, verfaßte, am Ende des 12. Jahrhunderts errichtet.

1343 wurde der hochgotische Chor der Stiftskirche begonnen und 1385 vollendet. 1427 bis 1430 stürmten die Hussiten über das Land, plünderten und zerstörten die Einrichtung, von der nichts mehr vorhanden ist. Der spätgotische Stil hat vergleichsweise wenige Spuren in Stift Zwettl hinterlassen; bemerkenswert ist jedoch der »Zwettler Altar« des Bildhauers Andreas Morgenstern aus Budweis, entstanden Anfang des 16. Jahrhunderts, ein mächtiger Flügelaltar, reich geschmückt mit vollplastischen Figuren aus Lindenholz. Er wurde im 19. Jahrhundert aus der Kirche entfernt; erhalten blieb nur der Mittelteil – dargestellt ist die Himmelfahrt Mariens –, der sich heute in der Kirche von Adamsthal bei Brünn (heute Adamov) befindet, wohin er durch die in Südmähren reich begüterte Familie Liechtenstein gelangt war.

Zwischen dem 14. und dem 16. Jahrhundert entfaltete sich in Stift Zwettl allmählich eine reiche Musikpflege; ein Sängerknabenchor ist bereits im 14. Jahrhundert nachweisbar, und die erste Orgel wurde 1544 installiert. Auch die seelsorgerische Tätigkeit nahm in dieser Zeit allmählich zu, was in josefinischer Zeit von großer Bedeutung für das Kloster sein sollte.

Die nachfolgende Zeit brachte große Probleme in Form von Reformation, Bauernaufständen, Türkenkriegen und Einfällen der Schweden mit sich. Allerdings erholte sich Stift Zwettl rasch; noch während des Dreißigjährigen Krieges setzte eine neue Bautätigkeit ein. Nach Abt Ebro machte sich nun ein zweiter Abt, Bernhard Link, der von 1646 bis 1671 regierte, daran, die Stiftsgeschichte niederzuschreiben. Das Produkt dieses Bemühens sind die »Annales Austrio-Claravallenses«. Unter diesem auch ökonomisch sehr erfolgreichen Abt enstand der Wirtschaftshof, die gotischen Konventtrakte erfuhren eine durchgreifende Veränderung und Erweiterung. Seine beiden Nachfolger verliehen Zwettl endgültig das äußere Erscheinungsbild, das es heute noch aufweist. Besonders der zweite Nachfolger, Melchior Zaunagg, ließ die

Links: Das Refektorium.
Rechts: Der Turm der Stiftskirche entstand zu Beginn des 18. Jahrhunderts. Nicht weniger als vier Baumeister arbeiteten an dem Kunstwerk aus Granit und Sandstein (Figurenschmuck): Matthias Steinl, Josef Munggenast, Jakob Prandtauer und Josef Götz.

Stiftsgebäude barockisieren, die Kirche vollenden und als Höhepunkt den Kirchturm errichten. An dessen Gestaltung waren mehrere herausragende Künstler beteiligt: der kaiserliche Architekt Matthias Steinl, Jakob Prandtauer, Josef Munggenast und Josef Götz. Der Turm wächst aus der Westfassade empor und war insoferne eine Novität, als Zisterzienserstifte ursprünglich nur Dachreiter, aber keine Kirchtürme haben durften. Oberhalb des Mittelportals ist die Turmfassade durch drei Plastiken geschmückt. Sie stellen die Stifter Hadmar I., Hadmar II. und – in der Mitte – den heiligen Bernhard als Gründer des Zisterzienserordens dar. Auf den kräftigen Voluten befinden sich zwei Engelsfiguren, der Turmhelm wird von einer vergoldeten Christusstatue bekrönt. Der zur Gänze in Granit ausgeführte Turm ist 90 Meter hoch. 1733 wurde Paul Troger mit der Freskierung der Bibliothek beauftragt und schuf außerdem fünf monumentale Ölgemälde für das Refektorium.

Links: Stiftshof. Im Barock wurde dem Hof nach Plänen Josef Munggenasts festliche Wirkung verliehen. Der hier abgebildete, von toskanischen Doppelsäulen getragene Balkon liegt der eigentlichen Klosterpforte gegenüber.
Rechts: Stifterfigur (Hadmar II. von Kuenring) mit Kirchenmodell an der Westfassade der Stiftskirche; die Figur stammt aus dem Jahr 1727.

In josefinischer Zeit war das Stift nie von der Aufhebung bedroht. Der Grund liegt in der umfangreichen seelsorgerischen Tätigkeit in einem großen Einzugsgebiet. Die Sicherung der Seelsorge war ja das Hauptanliegen dieses Herrschers im Zuge der Klösteraufhebungen; alle Klöster und Orden, die sich »nur« der Kontemplation widmeten und nicht auch soziale Anliegen – wie etwa Seelsorge, Spitalsdienst oder Schuldienst – wahrnahmen, wurden primär aufgehoben.
Noch einmal entfaltete ein Abt eine reiche Bautätigkeit: Stephan Rössler (1878–1923) ließ in seiner langen Regierungszeit unter anderem eine neue Volksschule, ein Epidemiespital und das erste Elektrizitätswerk des Waldviertels errichten. Er führte auch eine entscheidende Erneuerung der ursprünglichen monasti-

schen Zielsetzungen durch, die freilich nicht immer leicht mit den übernommenen seelsorgerischen Verpflichtungen in Einklang zu bringen sind.

Als Abt Grillo sich 1343 entschied, den Umbau der kleinen romanischen Kirche zu beginnen, waren dafür sicherlich seine vorangegangenen Reisen nach Frankreich und ein längerer Aufenthalt in Wien, wo 1339 der Chor von St. Stephan vollendet wurde, bestimmend. Das Pestjahr 1348 brachte zwar eine gewisse Verzögerung mit sich, doch 1383 waren Hochchor und Querschiff vollendet. Nach einem weiteren Jahrhundert wurde der Kirchenbau fortgesetzt, endgültig jedoch erst im Barock – im Jahr 1727 – vollendet. Die beiden damals fertiggestellten westlichen Joche wurden in gotischen Formen ausgeführt, so daß sich ein Ganzes von harmonischer Raumwirkung ergab. Meister

Links: Klosterpforte mit der Skulptur »Maria vom Siege«, ein Werk des Laienbruders Matthias Mark.
Rechts: Blick von Westen auf die Klosteranlage.

Jans, der Architekt der ersten Bauphase der gotischen Kirche, schuf eine glückliche Verbindung von französischem Grundrißtypus und Hallenkirche, deren Wesen in der gleichen Höhe aller Schiffe besteht. Die enge Stellung der mehr als 21 Meter hohen Bündelpfeiler lenkt den Blick fast zwangsläufig zum Hochaltar mit seinem überreichen Figurenschmuck. Die aus Lindenholz geschnitzten Statuen sind ein Werk des Josef Götz, dargestellt ist die Himmelfahrt Mariens. Das architektonische Gerüst des Altars entwarf Joseph Munggenast.
In der zweiten Kapelle des Nordschiffes befindet sich der mit dem Jahr 1500 datierte spätgotische *Flügelaltar* eines unbekannten Meisters. Er war einst für die Abtkapelle erworben worden und wurde im 19. Jahrhundert in der Kirche aufgestellt. Dieser sogenannte *»Bernhardi-Altar«* verdient wegen der doppelseitig bemalten Flügel besondere Beachtung. Die Jörg Bräu dem Älteren zugeschriebenen Malereien – sie stellen Szenen aus dem Leben des heiligen Bernhard dar – sind ein frühes Hauptwerk der Donauschule. Die übrigen Seitenaltäre wurden hauptsächlich von Munggenast entworfen, viele der Altarblätter stammen von keinem Geringeren als von

Paul Troger und von Martin Altomonte. Immer wiederkehrendes Thema der Kirchenausstattung ist der heilige Bernhard: Darstellungen des Heiligen finden sich, außer an dem bereits erwähnten »Bernhardi-Altar«, auch an den Sandsteinplastiken mehrerer Seitenaltäre sowie an dem prächtigen intarsierten Chorgestühl von 1728. Dieses, die Kanzel und die Beichtstühle sind Arbeiten von Laienbrüdern.

Die große Orgel (im Gegensatz zu der kleinen, ebenfalls barocken Orgel gegenüber der Kanzel) ist ein Werk des Passauers Johann Ignaz Egedacher und wurde 1728 vollendet.
Die Stiftskirche hätte 1493 mit schönen Glasfenstern des Meisters Michael aus Steyr ausgestattet werden sollen; diese gingen jedoch schon auf dem Transport zugrunde – ein Schiffbruch war die Ursache. Der einzige Rest dieser Glasfenster ist heute im nun museal gestalteten »Cellarium« in der Nordwestecke des Kreuzganges zu sehen: Dieses Fragment zeigt eine Marienkrönung mit einer der seltenen vortridentinischen Darstellungen der heiligen Dreifaltigkeit (also drei identische Gottesfiguren). Die heutigen Glasfenster der Kirche stammen aus dem Historismus.

Links: Der frühgotische Kreuzgang, der sich unverändert erhalten hat.
Rechts: Gärtnerei mit barockem Pavillon.

Der *Kapitelsaal* des 12. Jahrhunderts ist das älteste erhaltene Zisterzienser-Capitulum; nur die Fenster des Raumes stammen aus späterer Zeit. Auch der *Kreuzgang* aus der ersten Hälfte des 13. Jahrhunderts hat seine ursprüngliche Gestalt bewahren können. Er ist das älteste Beispiel für das Eindringen der burgundischen Gotik in unseren Raum. Als einzige Hinzufügung späterer Zeiten ist das granitene Muschelbecken im traditionellen Brunnenhaus zu nennen, das 1706 aufgestellt wurde.
An das Dormitorium schließt das »*Necessarium*« an, die bereits erwähnte Latrinenanlage, das einzige erhaltene Beispiel eines Bauwerks dieser Art. Zum »Betreiben« dieser wichtigen Anlage wurde ein Kanal vom nahen Kamp abgezweigt, der sogenannte Mühlbach, der heute noch an dieser Stelle das Kloster durchfließt.

Die 1730 bis 1732 nach Entwürfen Munggenasts errichtete *Bibliothek* wurde von Paul Troger mit fünf Deckenfresken versehen. Sie stellen die göttliche Weisheit und Motive aus der Herkulessage dar. Die nicht zugängliche Bibliothek enthält rund 55.000 Bände, darunter etwa 400 Handschriften und etwa 300 Inkunabeln.
Das bereits erwähnte *Cellarium* birgt neben dem spätgotischen Glasfenster-Fragment in einer umfangreichen Paramentensammlung unter anderem das »Zwettler Kreuz«, ein romanisches Reliquienkreuz von 1200, und das »Agneskreuz«, das als Schenkung der Agnes von Kuenring aus dem 14. Jahrhundert gilt.
In der *Prälatur* befinden sich zwei nicht zugängliche Sammlungen: eine Gemäldesammlung, die ein Werk Lukas Cranachs d. Ä. von 1520 enthält, sowie eine Münzsammlung.

Vor der eigentlichen Klosteranlage befindet sich die Gärtnerei, die durch ein schönes barockes Hauptgebäude und kleine schmiedeeiserne Pavillons auffällt. Ein Teil der Glashäuser wurde 1929 vernichtet, als im Winter Temperaturen nahe minus 40 Grad und im Sommer orkanartige Stürme registriert wurden. Die Gärtnerei wird als kleiner Gewerbebetrieb geführt.
Die steinerne Brücke über den Kamp, die im 12. Jahrhundert errichtet worden war, um den Transport des für den Klosterbau nötigen Materials zu ermöglichen, ist bis heute erhalten geblieben (Straße nach Rudmanns); am Kamp liegt auch die klösterliche »Neumühle«, die aus dem 18. Jahrhundert stammt und bis 1965 in Betrieb war.

Neben vierzehn inkorporierten Pfarren werden vom Stift ein Sängerknabenheim, ein Bildungshaus und ein Schülerheim in Horn betreut. Der Konvent umfaßt derzeit 28 Mitglieder. Wirtschaftliche Grundlage des Stifts bilden vor allem Landbesitz, Fischzucht und die Weinproduktion in Gobelsburg.

Stams

Im Jahr 1273 beriefen Graf Meinhard II. von Görz-Tirol und seine Gemahlin Elisabeth Zisterzienser aus der Abtei Kaisheim bei Donauwörth nach Tirol. Meinhard ließ für die Mönche nahe der Johanneskapelle, einem vielbesuchten Wallfahrtsheiligtum im Dorf Stams, ein hölzernes Kloster erbauen und übergab ihnen außerdem das ganze Dorf Stams samt allen Wäldern, Äckern und Wiesen, dazu Besitzungen in mehreren anderen Orten. All dies war längst kultiviertes Land, das mühsame Roden, Errichten von Wirtschaftsbetrieben und Ähnliches nicht mehr nötig. Meinhards Absicht war es vielmehr, eine Grablege für sich und seine Familie sowie eine Stätte des Gebetes für das Heil des Landes Tirol zu schaffen. All dem und natürlich der Betreuung der Pilger, die bald in Strömen herbeikamen, sollte das Kloster dienen. Daraus wird auch erklärlich, daß das Stift noch zu Lebzeiten Meinhards vom Zisterzienser-Generalkapitel das außergewöhnliche Privileg erhielt, automatisch alle Pilger in die Gebetsgemeinschaft des Ordens aufzunehmen. Solche Gebetsgemeinschaften bestehen normalerweise nur innerhalb eines Ordens oder werden von Klöstern (auch verschiedener Ordenszugehörigkeit) untereinander geschlossen.

Die Wallfahrt nahm also bedeutende Formen an; außerdem wurde das Stift reichlich mit Schenkungen zusätzlich zu jenen Meinhards bedacht, so daß ein ausgedehnter Streubesitz in Nordtirol, Südtirol und Schwaben (der ursprünglichen Heimat der Kaisheimer Mönche) entstand. Dieser Besitz von Stams ist im Laufe der Zeit auf einen kleinen Rest zusammengeschmolzen.

Rasch entwickelte sich auch der Klosterneubau. Bereits 1284 wurde die erste Klosterkirche, eine dreischiffige romanische Basilika ohne Querschiff, eingeweiht. Diese enthielt eine Gruft für die Gebeine der Gründer und des hohen tirolischen Adels. Wenige Jahre nach der Einweihung wurden in den Schiffen bemalte Holzdecken eingezogen, der Fußboden war mit gemusterten Ziegelsteinen gepflastert. An die Kirche schloß der einstöckige Klosterbau an, der, dem Zisterzienserbrauch folgend, einen Kreuzgang mit einem Brunnenhaus aufwies. Die ganze Anlage war als Abbild des Mutterklosters Kaisheim konzipiert.

Kaiser Karl IV. übergab 1362 dem Stift die Reichkleinodien, bevor sie Kaiser Sigismund Anfang des 15. Jahrhunderts schließlich nach Nürnberg bringen ließ.

Kaiser Maximilian I. empfing hier in Stams 1497 den Botschafter des türkischen Sultans, Bajazid. Bajazid oder – nach anderer Schreibweise – Bajazet ging später in die Opernliteratur ein; mehrere Komponisten des 18. Jahrhunderts, darunter Antonio Vivaldi, ließen sich von dieser Figur, wohl auch aufgrund des damals sehr regen Interesses für alles Exotische, inspirieren. Maximilian ließ auch im Klostergarten einen Sommerpavillon für sich erbauen, der jedoch nie fertiggestellt wurde.

Vorhergehende Seite: Blick vom Stift auf die nahegelegene Pfarr- und Wallfahrtskirche Johannes der Täufer.
Rechts: Blick in den Kirchenraum. Im Vordergrund die Kreuzigungsgruppe von Andreas Thamasch vom Ende des 17. Jahrhunderts. Im Hintergrund ist der außergewöhnliche Hochaltar von Bartholomäus Steinle (1613) zu erkennen.

1525 wurde die Abtei von aufständischen Bauern gestürmt und geplündert; gleiches geschah im Jahr 1552 durch die Truppen des Moritz von Sachsen. Dabei wurde auch die Fürstengruft, in der mittlerweile neben Meinhard und seiner Gemahlin auch Heinrich von Böhmen und dessen Frau sowie die Tiroler Herzöge Friedrich »mit der leeren Tasche« und Siegmund »der Münzreiche« bestattet worden waren, beraubt und die Gebeine der Fürsten auf den umliegenden Feldern verstreut.
Friedrich IV. »mit der leeren Tasche« hatte in Stams die wohl ungewöhnlichste Vereinigung, die sich denken läßt, ins Leben gerufen: Diese »Civitas Stamsensis« genannte Bruderschaft umfaßte nicht nur den Herzog und seine Familie, die Mönche und den Abt, sondern auch alle Bürger und Bauern der Umgebung.

1593 zerstörte ein Feuer das hölzerne Ursprungskloster, die Wirtschaftsgebäude und Teile der Pfarrkirche. Ende des 17. Jahrhunderts wurde mit der Neuerrichtung der Abtei begonnen. Das ganze 18. Jahrhundert über dauerte die Weiterführung von Bau und Ausstattung des barocken Klosterkomplexes an, wobei die heutige Form der Anlage Anfang des 18. Jahrhunderts durch Georg Anton Gumpp geschaffen wurde. Auch hier tauchte wieder, wie in St. Paul im Lavanttal, die Idee einer landschaftsbeherrschenden schloßartigen Anlage ähnlich dem Escorial auf. Der gleiche Gedanke liegt den Klosterbauten in Melk und im italienischen Caserta zugrunde.
Zwischen 1807 und 1816 war das Stift aufgrund der bayerischen Aufhebungsgesetze aufgehoben, ein zweites Mal von 1939 bis 1945. Während dieser Zeit entstanden erhebliche Schäden, die erst in langwieriger Arbeit behoben werden konnten. Die nachfolgenden Renovierungsarbeiten wurden 1984, rechtzeitig zum 700jährigen Jubiläum, zu dem die Klosterkirche auch zur »basilica minor« erhoben wurde, abgeschlossen. Die Renovierung wurde durch die Verleihung eines Preises für Denkmalpflege honoriert.

Weithin sichtbar sind die beiden mächtigen Ecktürme; den Giebel des Mitteltrakts krönt eine Reiterstatue König Konradins, flankiert von zwei Figuren der Tugenden. Die Stiftskirche Mariä Himmelfahrt trägt, zisterziensischem Brauch folgend, statt eines Turmes einen Dachreiter.
Bei der Barockisierung der romanischen *Stiftskirche* wurden die Nebenschiffe abgetragen, dafür an jeder Seite drei mit dem Langhaus gleich hohe Seitenkapellen angebaut. Der Raum, der mit 81 Metern eine ungewöhnliche Länge aufweist, wird optisch durch den unorthodox gestalteten Hochaltar und die Fürstengruft bestimmt.

Der im Jahre 1613 entstandene *Hochaltar,* stilistisch eine Mischung aus gotischen und Renaissance-Elementen, ist vom Motiv des Lebensbaumes dominiert; in dem weitverzweigten Geäst befinden sich 84 geschnitzte Holzfiguren. Der Altar ist ein Werk von Bartholomäus Steinle, die Tischlerarbeiten führte Wolfgang Kirchmayr aus. Die ursprünglich angestrebte transparente Wirkung wird durch den im 18. Jahrhundert hinzugefügten Stuckvorhang allerdings aufgehoben.
Die *Fürstengruft,* zuerst ein gotischer Oberbau, wurde Ende des 17. Jahrhunderts in den Fußboden versenkt

und mit einer figuren- und wappengeschmückten Balustrade versehen. Die monumentale Kreuzigungsgruppe ist ein Werk des Andreas Thamasch vom Ende des 17. Jahrhunderts.

Oben: Blick auf die Westfassade des Stifts von einem der beiden Gartenpavillons aus.

Der zierliche Stuck der Kirche stammt von Franz Xaver Feichtmayr und Josef Vischer, die Deckenfresken malte Johann Georg Wolker aus Augsburg 1730 bis 1734. Sie stellen Szenen aus dem Leben Mariä beziehungsweise aus dem Leben des heiligen Bernhard dar. Wolker schuf auch die meisten Altarblätter an den Altären der Seitenkapellen. Die Bemalung der beiden Apsiden mit prächtiger Scheinarchitektur stammt hingegen vom Innsbrucker Egid Schor (um 1663). Die Altäre dieser Apsiden fertigte Ende des 18. Jahrhunderts der Laienbruder Urban Mayr. Ein anderer Laienbruder, Georg Zoller, fertigte das Chorgestühl sowie die alten Beichtstühle mit Zinnintarsien. Von Andreas Kölle stammen die überreich verzierte Kanzel sowie vier der sechs Kapellenaltäre. Das Gitter der Heilig-Blut-Kapelle, das sogenannte Rosengitter, schufen der Kunstschlosser Bernhard Bachnitzer und der Laienbruder Michael Neurauter

(1716), ebenso das große Gitter, das die Vorhalle von der Kirche trennt. Die Orgeln der Kirche, die große Orgel und die Chororgel, wurden 1776 beziehungsweise 1757 erbaut. Im *Abteigebäude* stattete Johann Georg Wolker 1729 auch die prunkvolle Prälatentreppe mit einem Fresko »Heiliger Bernhard mit Engeln« aus. Die reichen Fresken hingegen, die dem »Bernardisaal«, einem 1720 von Georg Anton Gumpp erbauten Prunksaal ohne weitere architektonische Wandgliederung, seine besondere Wirkung verleihen, stammen von Franz Michael Hueber und Anton Zoller. Der Saal weist eine hervorragende Akustik auf und wird daher regelmäßig für »Stamser Sommerkonzerte« verwendet.

Die nahe dem Stift gelegene hübsche Pfarr- und Wallfahrtskirche Johannes der Täufer entstand, als König Heinrich von Böhmen die ursprüngliche hölzerne Kapelle in eine gotische Kirche umbauen ließ. Diese wurde 1318 geweiht, 1593 teilweise zerstört; 1755 erfolgte die einheitliche Barockisierung des Inneren. Von außen ist aber der gotische Bau noch gut zu erkennen. Der Innenraum ist durch reichen Rokokostuck geschmückt, die Deckenfresken stammen von Franz Anton Zeiller, ebenso die Bilder der drei Altäre.

Die Stamser Mönche widmeten sich in neuerer Zeit besonders intensiv dem Schulwesen. Aus einer »Maturaschule für Spätberufene« ging das Stiftsgymnasium hervor, aus diesem wieder die Internatsschule für Schisportler. Weiters wird ein Internat für Hauptschüler geführt, so daß Stams ein bedeutendes Schulzentrum im oberen Inntal geworden ist. Der Konvent hat derzeit 25 Mitglieder.

Wilhering

Als 1145 die Herren von Wilhering, die hier schon seit dem 11. Jahrhundert ansässig waren, ihren Sitz von der Burg Wilhering (von der sich keine Spuren erhalten haben) auf die neuerbaute Burg Waxenberg verlegten, war dies der eigentliche Beginn des Zisterzienserstiftes Wilhering. Ulrich und Kolo von Wilhering schenkten nämlich damals die aufgelassene Burg und das zugehörige Land dem steirischen Kloster Rein (vgl. Rein) für eine Tochtergründung. Im Jahr darauf kamen aus Rein zwölf Mönche und ein Abt, die hier allerdings recht armselige Lebensbedingungen vorfanden. Nach kaum vierzig Jahren waren von den zwölf Gründermönchen nicht weniger als zehn, darunter der Abt, nach Rein zurückgekehrt. Dennoch beschloß das Generalkapitel der Zisterzienser, 1185 einen nochmaligen Versuch zu wagen und entsandte abermals zwölf Mönche nach Wilhering, die diesmal aus Ebrach, dem Mutterkloster Reins (vgl. Rein), kamen. Diese waren erfolgreicher; auch ist überliefert, daß 1195 mit dem Bau einer Kirche begonnen wurde. Über einen sicherlich vorhandenen ersten Kirchenbau der Reiner Mönche ist nichts dokumentiert; von dem eben erwähnten dreischiffigen romanischen Gotteshaus, das in seiner Größe fast genau dem heutigen Kirchenbau entsprach, existieren immerhin noch das Portal sowie zwei gotische Grabmonumente für die Herren von Schaunberg, die eine Zeitlang die Schutzherrschaft über Stift Wilhering ausübten.

Zwischen dem 12. und dem 14. Jahrhundert erfolgten von Wilhering aus drei Tochtergründungen: 1258 Hohenfurth (heute Vyšší Brod, ČSFR; vgl. auch Rein), 1295 Engelszell (vgl. Engelszell) und 1334 Säusenstein, etwa siebzig Kilometer donauabwärts von Wilhering gelegen. Das Kloster Säusenstein wurde 1789 aufgehoben und nicht wiederbesiedelt; die dem Strom zugewandten Bauteile wurden Mitte des 19. Jahrhunderts im Zuge der Trassierung der Westbahn abgetragen.

In der Reformationszeit schien neuerlich das Ende Wilherings gekommen: Der damalige Abt, der aus Nürnberg gebürtige Erasmus Mayr, verließ 1544 sein Kloster, übrigens als letzter des Konvents. Er wollte sich in seiner Heimatstadt verheiraten (vgl. auch Geras), freilich nicht ohne zuvor die Klosterkasse an sich gebracht zu haben. 1587 wurde Alexander a Lacu, Benediktiner, zweimaliger Rektor der Wiener Universität, späterer Abt von Garsten und von Kremsmünster, zum Abt von Wilhering bestellt. Der gelehrte Mann war in einer Zeit, in der Reformation und die beginnende Gegenreformation noch hart aufeinanderprallten, in der Wahl seiner Mittel für die Rekatholisierung ebenso wenig zimperlich wie die damals meist protestantischen Exponenten der Stiftspfarren. 1598 mußte er schließlich als Abt resignieren.

Im Zuge des allgemeinen Aufschwunges im 17. Jahrhundert setzte in den Klöstern eine rege

Vorhergehende Seite: Der Stiftshof im reichen Blumenschmuck. Im Bild links der Südwestflügel mit breitem Mittelrisalit und auffälligem Pyramidendach. Rechts: Blick in den Kirchenraum. Die einheitliche Rokokoausstattung (Mitte 18. Jahrhundert) zählt zu den bedeutendsten Gesamtkunstwerken dieser Epoche.

Bautätigkeit ein, die nicht selten eine hohe Verschuldung zur Folge hatte. Aber auch die durch die Türkenkriege bedingten hohen Abgaben und der, ganz im Sinne des barocken Selbstverständnisses, erhebliche Repräsentationsaufwand trugen zu den nun häufigen finanziellen Schwierigkeiten bei. Im Unterschied zu den stark verschuldeten benachbarten Klöstern Gleink, Baumgartenberg (beide aufgehoben) und Engelszell war die Situation in Wilhering allerdings nicht ganz so schlimm, da man mit Bauvorhaben stets sehr zurückhaltend war. Der Hauptgrund dafür ist freilich darin zu suchen, daß die Einkünfte des Stiftes mäßig waren – jedenfalls im Vergleich zu Klöstern wie St. Florian, um ein Beispiel aus der gleichen Region zu nennen. Immerhin wurden die bereits desolaten Konventgebäude Ende des 17. Jahrhunderts durch barocke Neubauten ersetzt.

1733 legten der arbeitslose Roßknecht Jakob Eder und eine

von ihm angestiftete, erst zwölfjährige Magd im Stift Feuer; die neuen Gebäude und die im Laufe der Jahrhunderte mehrfach umgebaute romanische Stiftskirche wurden vollständig ein Raub der Flammen. Eder büßte seine Tat auf dem Scheiterhaufen; die Magd begnadigte man. Aber im Unterschied zu anderen Klöstern kam es nun nicht zu einem großzügigen Neubau; vielmehr wurde die Kirche unter Verwendung der Brandruine zunächst mit einfachsten Mitteln neu aufgebaut.

Architekten wie Josef Munggenast und der Linzer Stadtbaumeister Johann Michael Prunner hatten sich mittlerweile um den Auftrag zum Stiftsneubau beworben; den Zuschlag erhielt jedoch ein lokaler Baumeister namens Johann Haslinger, der teilweise die Pläne der berühmten Architekten aufgriff und umarbeitete – eine damals durchaus übliche Praxis.
In den Jahren nach 1734 entstanden nun die Kirche, die schon bald auf das prächtigste im üppigsten Rokokostil ausgestattet wurde und heute eines der bedeutendsten Gesamtkunstwerke dieser Epoche darstellt, und der Prälaturflügel. Der Südwestflügel wurde hingegen in den Jahren 1778 bis 1781 errichtet und erst im Spätbiedermeier fertiggestellt. Der breite Mittelrisalit dieses Flügels wird von einem auffälligen Pyramidendach abgeschlossen. Der Westflügel entstand schließlich in den Jahren 1955 bis 1956.
1783 wurde zwar, im Zuge der josefinischen Reformen, die Stiftskirche zur Pfarrkirche erklärt und der Abt zum Administrator »degradiert«, die zu erwartende Aufhebung blieb jedoch aus.
Nach 1848 wurden die ehemaligen Grundherren, darunter auch die Stifte, durch den Staat entschädigt, so daß Grundbesitz zugekauft werden konnte. In dieser Zeit wurden in Wilhering die Forst- und die Landwirtschaft, die zusammen mit

Links: Engelsfigur; Detail aus dem reichen Stuckprogramm der Wilheringer Kirche (Wessobrunner Schule).
Rechts: Blick zur Orgelempore. Auch hier wird die subtile Licht- und Farbwirkung des Kirchenraumes deutlich.

dem großen Gartenbaubetrieb noch heute die wirtschaftliche Basis des Stiftes darstellen, systematisch aufgebaut. 1859 erfolgte schließlich die Gründung des Stiftsgymnasiums, das seit 1904 Öffentlichkeitsrecht besitzt und heute als staatlich anerkanntes humanistisches Gymnasium geführt wird.
1940 wurde Stift Wilhering enteignet, einige der Patres verhaftet, darunter der Abt, der in der Haft starb. Staatliche Stellen der NSDAP zogen, wie in anderen Klöstern auch, in die Räumlichkeiten ein. Das Kriegsende brachte die Wiederherstellung der Klostergemeinschaft.

Die *Stiftskirche,* wie alle Zisterzienserkirchen der Himmelfahrt Mariens geweiht, zeichnet sich unter anderem dadurch aus, daß der bereits greise Martin Altomonte – als sein letztes großes Werk – alle Altarbilder für sie anfertigte. 1737 hatte man zunächst das Hochaltarbild in Auftrag gegeben. Das Werk Altomontes, der damals im Heiligenkreuzerhof in Wien wohnte und arbeitete (vgl. Heiligenkreuz), war nicht billig, allerdings preiswert im Vergleich zu den Honoraren der jüngeren Konkurrenten.
Altomonte verstand es auch, seinem Sohn den bedeutenden Auftrag für die Freskierung der Kirche zukommen zu lassen, als deutlich wurde, daß sich der damalige Abt, Johann Baptist Hinterhölzl, dazu entschließen würde, die zunächst

einfach aufgebaute Kirche doch großzügig ausstatten zu lassen. 1739 bis 1741 führte also Bartolomeo Altomonte die Deckengemälde aus, deren eindrucksvollste jenes in der Gewölbezone des Hauptschiffes ist. Es ist das größte Deckenfresko Oberösterreichs und stellt Maria als Himmelskönigin dar. Das Fresko in der Vierungskuppel wird hingegen wesentlich durch die Scheinarchitektur Francesco Messentas bestimmt.

Im Bestreben, eine perfekte Illusion zu erzeugen und den ganzen Kirchenraum zu einer Vision himmlischer Herrlichkeit werden zu lassen, wurde 1740 Franz Joseph Holzinger mit der Deckenstuckierung beauftragt. Sein Werk fiel aber offensichtlich zu akademisch aus und harmonierte nicht mit der Farbenpracht der Fresken Altomontes. Es gelang aber, zwei Augsburger Stuckkünstler zu engagieren, die aus der Wessobrunner Schule kamen und durch ihre Arbeiten in der Münchner Residenz großes Ansehen genossen: Johann Michael Feichtmayr und Johann Georg Ueblherr. Diesen beiden Künstlern verdankt die Stiftskirche ihre besondere Raumwirkung. Rund 800 Engel und Engelsköpfe zieren den Kirchenraum und scheinen teilweise geradezu aus den Freskenhimmeln auf den Betrachter herabzustürzen. Darüber hinaus schufen die beiden Künstler Figurengruppen für den Hochaltar, dessen Konstruktion vermutlich eine Gemeinschaftsarbeit des Passauer Bildhauers Josef Matthias Götz und des Wiener Hofingenieurs Andreas Altomonte, eines Bruders Bartolomeo Altomontes, ist, für die Kanzel und die Altäre. Abgeschlossen wurde die Arbeit am Kirchenraum durch den Münchner Vergolder Johann Georg Frueholz.

Das *Chor- und Kirchengestühl* fertigten die Wilheringer Laienbrüder Eugen Dymge und Johann Baptist Zell. Das Werk der *Chororgel* stammt noch aus der Erbauungszeit der Kirche, während jenes der großen Orgel 1883 anstelle eines älteren Werkes eingesetzt wurde.

Zu beiden Seiten des Kircheneinganges befinden sich die bereits erwähnten gotischen *Tumben:* das frühgotische Hochgrab für Wernhard IV. von Schaunberg (Ende 13. Jahrhundert) und die hochgotische Tumba für Ulrich II. von Schaunberg (Ende 14. Jahrhundert). Die Fronten der Gräber zeigen Heiligenreliefs beziehungsweise vollplastische Apostelfiguren, während die Grabplatten jeweils eine liegende Ritterfigur tragen.

Im barocken *Kreuzgang* wurden 1939 Reste der ursprünglichen, frühgotischen Anlage freigelegt, so das schöne Eingangsportal zum ehemaligen Kapitelsaal, daneben zwei frühgotische Fenster. Stellenweise blieb die originale Bemalung dieser Bauteile erhalten. Erhalten blieb auch das romanische Trichterportal der früheren Kirche aus dem 12. Jahrhundert. Es wurde statt eines bereits geplanten Barockportals in den Kirchenneubau integriert.

Der Konvent von Wilhering besteht derzeit aus 38 Mitgliedern. Die wirtschaftlichen Grundlagen des Stiftes wurden bereits erwähnt: Forstwirtschaft, Landwirtschaft, ein Gartenbaubetrieb und ein Sägewerk. Stift Wilhering ist von einem reizvollen Landschaftspark umgeben.

Rein

Stift Rein ist die älteste bestehende Zisterze, da alle zuvor gegründeten Zisterzienserklöster entweder der Französischen Revolution oder der Säkularisation zum Opfer gefallen sind. Rein wurde vom fränkischen Ebrach aus besiedelt, nachdem es 1129 oder 1130 von Markgraf Leopold I., dem Sohn Otakars II. von Steiermark, begründet worden war. Ebrach selbst war die vierte Gründung der Primarabtei Morimond, die wiederum eine der vier direkten Gründungen von Cîteaux war (daher die Bezeichnung Primarabtei).
Der Einzug der fränkischen Mönche fand wohl 1130 statt. Die ursprüngliche Stiftungsurkunde aus dem Jahr 1138 existiert nicht mehr, die vorhandene Reiner Gründungsurkunde stammt aus dem frühen 13. Jahrhundert. Um 1138 wurde bereits die erste Stiftskirche geweiht, und zu diesem Zeitpunkt wurde auch die rechtliche Übergabe des Stiftungsgutes durch die tatkräftige Witwe Leopolds, Sophie, vorgenommen.
Schon das 12. Jahrhundert brachte eine erste Blüte, auf den Grangien und in den klösterlichen Werkstätten wurde im benediktinischen Sinne gearbeitet. Noch war das Leben der Priester und der zahlreichen Laienbrüder einfach; Fleischspeisen etwa waren verboten, ebenso die farbliche und plastische Ausschmückung von Kloster und Kirche. Durch die Kombination von Einfachheit und Fleiß formte sich das Kloster, wie alle Zisterzen, auch als wirtschaftliches Vorbild.
1192 war das Geschlecht der steirischen Otakare erloschen; aber auch ihre Nachfolger, die Babenberger, förderten das Kloster. Dasselbe trifft auch auf die kurzfristig regierenden Herrscher aus Ungarn und Böhmen, Stephan I. (den Heiligen) und Przemysl Ottokar II., zu.
Im 13. Jahrhundert entstanden durch das Aufblühen der Städte und die Begeisterung für die neu entstandenen Bettelorden personelle Probleme; die Grangien mußten verpachtet werden. Zur selben Zeit milderte sich auch die ursprüngliche Strenge des Klosteralltags. Sondermahlzeiten wurden eingeführt, im Gotteshaus wuchs die Zahl der Altäre. Die Reiner Stiftskirche erhielt sechs Seitenkapellen sowie, um 1300, einen festen Turm anstelle des traditionell vorgeschriebenen Dachreiters.
Bis 1444 waren drei Klöster von Rein aus besiedelt worden: Sittich in Krain (heute Stična, Jugoslawien), Wilhering (vgl. Wilhering) und Neukloster in Wiener Neustadt (vgl. Heiligenkreuz).
Im 16. Jahrhundert war im Zuge der Reformation der Reiner Konvent auf nur ein Mitglied zusammengeschmolzen (1549), doch schon bald darauf verbesserte sich die personelle Situation zusehends. Der Aufschwung ging jedoch, der Zeit entsprechend, nur langsam vor sich: noch 1581 bestätigt ein Visitationsprotokoll zwar, daß sich im Stift, im Gegensatz zu anderen Klöstern, keine Konkubinen befänden, daß das Kloster insgesamt aber »in malissimo statu« (in sehr schlechtem Zustand) sei.

Vorhergehende Seite: Blick auf die reichgegliederte Kirchenfassade. Der zurückgesetzte Kirchturm wurde 1650 anstelle eines romanischen Turmes errichtet.
Rechts: Blick in den Kirchenraum.

Am Anfang des 17. Jahrhunderts setzte endgültig ein spiritueller wie wirtschaftlicher Aufschwung ein. 1640 lebten mehr als sechzig Mönche in Rein. Eine weitere und letzte Tochtergründung war nun möglich geworden: 1620 war eine Gründungskolonie aus Rein in dem 1355 gegründeten und 1558 aufgelösten Zisterzienserinnenkloster Schlierbach eingetroffen.

Zwischen 1720 und 1771 entstand die barocke Anlage Reins, die sich bis heute erhalten hat. Im vorletzten Jahrzehnt des 18. Jahrhunderts entging Rein knapp der Aufhebung, mußte aber, wie alle anderen Stifte auch, zusätzliche Pfarren übernehmen. Das feierliche Chorgebet, zentrales Anliegen aller Benediktiner- und Zisterzienserstifte, war seit 1782 verboten.
Zwischen 1941 und 1945 war Stift Rein aufgehoben; durch die Verwendung als Kulissendepot entstanden schwere Bauschäden. 1945 konnte der Konvent zurückkehren, 1946 übernahm Rein eine große Zahl der aus dem böhmischen Zisterzienserstift Hohenfurth ausgewiesenen Mönche, darunter dessen Abt, der Rein bis 1954 administrierte (vgl. auch Anhang). Danach erhielt Rein mit dem damaligen Prior von Heiligenkreuz wieder einen regulären Abt.

Die erste romanische *Stiftskirche,* eine dreischiffige Pfeilerbasilika ohne Querschiff und ohne Apsiden, war bis zu Beginn des barocken Kirchenneubaus 1738 trotz mancher Zu- und Umbauten unversehrt erhalten geblieben. Von 1738 an dauerte es fast zehn Jahre, ehe der Kirchenneubau vollendet war; 1747 konnte der Reiner Abt das neue Gotteshaus einweihen (Patrozinium Mariä Himmelfahrt). Der Grazer Baumeister Johann Georg Stengg plante und leitete den Stiftsneubau. Die architektonische Lösung der Kirchenfassade ist von einem Werk

Links: Blick von Osten auf die Klosteranlage.
Rechts: Detail aus den meisterhaften Fresken Josef Adam Mölks von 1766 in der Stiftskirche (3. Joch: Tempelgang Mariens).

Francesco Borrominis (San Carlo alle Quattro Fontane, Rom) beeinflußt. Über dem Mittelportal befindet sich eine Statue des heiligen Bernhard, die Giebelfiguren stellen Glaube, Liebe und Hoffnung dar. Der Kirchturm erhielt erst 1782 durch Stenggs Sohn Johann Georg seine jetzige Form. Der Turm selbst war bereits 1650 errichtet worden und wurde zunächst in dieser Form belassen.

Mit der Freskierung der Kirche wurde Josef Adam Mölk beauftragt, ein zu Unrecht wenig bekannter Künstler, der vorwiegend in Steiermark und Tirol (u. a. Hartberg, Graz, Hall i. T., Sillian), in geringem Umfang auch in Niederösterreich tätig war. Das Geburtsdatum Mölks ist unbekannt, es liegt zwischen 1711 und 1714. Der Künstler schuf in seinem langen Leben – er starb 1794 in Wien – ein umfangreiches Werk (Fresken, aber auch Altarblätter) und erreichte speziell in den Fresken große Meisterschaft, wovon nicht zuletzt die Reiner Stiftskirche Zeugnis ablegt. Für sein Œuvre wurde Mölk 1744 von Kaiserin Maria Theresia in den (nicht erblichen) Adelsstand erhoben, 1755 wurde ihm zusätzlich der Titel eines »Hofkammermalers in Tirol« zugesprochen.

Die Reiner Fresken, 1766 entstanden, stellen im ersten Joch den heiligen Benedikt als Einsiedler in einer Felsenhöhle im Tal von Subiaco (vgl. auch Übersicht über die einzelnen Orden) dar, im zweiten Joch die Kreuzvision des heiligen Bernhard, im dritten Joch in reicher Scheinarchitektur den Tempelgang Mariens und schließlich im vierten Joch in einer belebten Szene den ägyptischen Josef. Auffällig ist ferner der posaunenblasende Engel auf dem Frontbogen mit der Inschrift: Hic deum adora (Hier bete zu Gott). Bereits 1745 bis 1750 fertigten der Bildhauer Leitner und der Maler Joseph Amonte, der für das Stift eine Reihe weiterer Werke lieferte, die Seitenaltäre, während der *Hochaltar* ein Werk des Grazer Bildhauers Jakob Payer ist. Das Hochaltarblatt stammt von Johann Martin Schmidt. 1779 ursprünglich für die Filialkirche Maria Straßengel gemalt, stellt es die Anbetung der Hirten dar und kam 1819 nach Rein. Das originale Reiner Hochaltarbild hatte natürlich die Himmelfahrt Mariens zum Inhalt, scheint aber ein weniger geglücktes Werk gewesen zu sein (ursprünglich von Amonte, später von Mölk übermalt).

Die *Kanzel* ist ebenfalls ein Werk Payers, Chorgestühl und Kirchenbänke wurden von Laienbrüdern angefertigt (1743). In der Reiner Stiftskirche befindet sich eine Reihe künstlerisch hochstehender *Grabdenkmäler,* von denen das bedeutendste jenes für Herzog Ernst den Eisernen von 1424 mit liegender Ganzfigur ist. Das wohl interessanteste (Grabplatte und Reste der Tumba) ist jenes für den Markgrafen Otakar III., den Gründer Voraus (vgl. Vorau) und der Kartause Seitz (heute Size, Jugoslawien, wie alle Kartausen der österreichischen Länder aufgehoben). Beide Grabdenkmäler befinden sich in der an das Presbyterium anschließenden Kreuzkapelle.

Links: Fresko von Josef Adam Mölk (1766): der heilige Benedikt als Einsiedler im Tal von Subiaco (Detail aus dem ersten Joch).
Rechts: Blick in das vierjochige Langhaus.

Von der alten Bausubstanz haben sich in den Klostergebäuden und um diese einige Reste erhalten. So war Rein noch zur Zeit der Barockisierung von einer starken Wehrmauer umgeben. Der Großteil dieser Befestigungen war nach dem Türkeneinfall von 1480 angelegt worden. Der auffälligste Rest dieser Anlage ist eine mehrgeschossige Ruine im Westen des Klosterareals. Dieses Bauwerk war bereits im 13. Jahrhundert als Kornspeicher errichtet worden, nach der Zerstörung durch die Türken am Ende des 15. Jahrhunderts aber in die Festungsanlage integriert worden. In einem Teil des Westtraktes, in dem sich im Mittelalter Hospiz und Fremdenspital befanden, haben sich romanische Fenster erhalten; der romanische, in der Gotik umgebaute Kreuzgang wurde hingegen abgetragen und durch kreuzgratgewölbte Gänge ersetzt. Aus dem Jahr 1680 blieb die Pestkapelle erhalten, die ursprünglich an den Chor der Kirche angebaut war, heute aber in den barocken Bibliothekstrakt integriert ist.

Über der Einfahrt, die 1735 mit einem Reiterbildnis des Gründers

von Rein, Markgraf Leopold I., geschmückt wurde (eine Arbeit Jakob Peyers), nimmt der *Huldigungssaal* beide Obergeschosse ein. Die 1740 entstandenen Fresken dieses Saales stammen von Joseph Amonte; das Deckenfresko stellt eine Allegorie von Gerechtigkeit und Frieden dar.
Amonte freskierte 1752 auch den barocken *Kapitelsaal,* der durch den Umbau der alten Bibliothek entstanden war. Die Deckenfresken des barocken *Bibliothekssaales* stammen ebenfalls von ihm. Das außergewöhnliche Programm dieser Fresken verbindet das theologische Thema des Mittelfreskos »Christus hebt den Schleier vom Antlitz Moses« mit Darstellungen berühmter Zeitgenossen, etwa des Kaiserpaares, des regierenden Papstes Benedikt XIV. oder des regierenden Salzburger Erzbischofs Siegmund III., der erst im Entstehungsjahr der Fresken, 1753, gewählt worden war.
Im Zuge des barocken Neubaus behielten nur zwei Räume ihren ursprünglichen Platz: das *Dormitorium* und das *Refektorium.* Letzteres enthält eine Reihe hochwertiger Gemälde Mölks aus dem Jahr 1767.
Die bereits erwähnte *Filialkirche Maria Straßengel* ist in mancher Hinsicht bemerkenswert. Es handelt sich um eine gotische Wallfahrtskirche, die zwischen 1346 und 1366 entstand. Das Dorf Straßengel war bereits 1147 von Otakar III., dessen Tumba in der Kreuzkapelle der Kirche zu sehen ist, Stift Rein vermacht worden. Neben noch zwei von ursprünglich drei Altarblättern Johann Martin Schmidts sind die Ende des 14. Jahrhunderts entstandenen Chorfenster von besonderer Bedeutung. Sie stellen den umfangreichsten in der Steiermark erhaltenen Glasgemäldezyklus dar.
Stift Rein war von der Zeit seiner Gründung an bis in unser Jahrhundert eine Stätte besonderer Musikkultur; aus den Reihen der Mönche gingen immer wieder bedeutende Kirchenmusiker hervor.
Der Reiner Konvent besteht derzeit aus sechzehn Mitgliedern. Land- und Forstwirtschaft stellen die wirtschaftlichen Grundlagen des Stiftes dar.

Klosterneuburg

Wohlbekannt ist die Gründungslegende Klosterneuburgs: An ihrem Hochzeitstag seien Markgraf Leopold III. von Babenberg und seine Gemahlin auf dem Söller ihrer Burg auf dem heutigen Leopoldsberg bei Wien gestanden, als ein plötzlicher Windstoß den Schleier der Markgräfin erfaßte und forttrug. Neun Jahre habe nun Leopold danach gesucht, ehe er eines Tages, als er in den Wäldern jagte, den Schleier unversehrt an einem Holunderbusch hängen sah. Darauf sei ihm die Muttergottes erschienen und habe befohlen, an dieser Stelle ein Kloster zu errichten.

In Wahrheit hatte Kaiser Heinrich V. aus Dankbarkeit für die Unterstützung des Babenbergers im Investiturstreit gegen seinen Vater Heinrich IV., Leopold III., dem Markgrafen von Österreich (Ostarrîchi), seine Schwester Agnes zur Frau gegeben. Der Realpolitiker Leopold wurde dadurch politisch und dynastisch erheblich aufgewertet. Diese politische Aufwertung fand ihren Niederschlag im Bau einer ansehnlichen Burg auf den Mauern eines römischen Kastells an eben jener Stelle, an der sich heute noch das Stift Klosterneuburg befindet, und wohl auch an Stelle seiner eigenen älteren Burg, die sicherlich nicht auf dem Leopoldsberg zu lokalisieren ist. Jedenfalls war die Anhöhe über der Donau strategisch günstig; der Fluß reichte vor der Regulierung bis direkt an diese Stelle. Ein dort gelegenes Bauwerk konnte daher gut verteidigt werden, was sich noch während der zweiten Wiener Türkenbelagerung als Vorteil erweisen sollte.

Die Burg und der umliegende Ort, der damals bereits seit einigen Jahrhunderten existierte, trugen zunächst den Namen »Neuburg« nach der neuen Residenz, deren Bau 1106 begonnen wurde, später wurde daraus »Klosterneuburg«.

Die Stiftung des Klosters ist mangels Stiftungsbrief nicht sicher zu datieren, muß jedoch um 1100 erfolgt sein. Höchstwahrscheinlich war Leopold auch nicht der einzige Stifter; jedenfalls standen auch die Grafen von Chling, die Vorbesitzer des Grundes, auf dem das Stift errichtet wurde, sowie mit ihnen verwandte Adelige in der Frühzeit noch in enger Verbindung zu dem neuen Kloster. Die ersten Klosterbauten entstanden offensichtlich in unmittelbarer Nachbarschaft der Residenz, von der sich nur noch sehr geringfügige Spuren erhalten haben.

1113 machte Leopold dem Stift große Schenkungen, und im Juni 1114 wurde der Grundstein zur Stiftskirche gelegt. Bereits 1136 konnte die romanische Basilika geweiht werden. Dieser Bau wies damals nur einen Vierungsturm auf (beide Kirchtürme sind spätere Zubauten), ist jedoch sonst in seiner Substanz trotz mancher Umbauten bis heute erhalten geblieben. Die

Vorhergehende Seite: Darstellung der Krone des Heiligen Römischen Reiches Deutscher Nation als Kuppelbekrönung am sogenannten Kaiserbau.
Rechts: Blick vom Hof des Kaiserbaus auf die Türme der Stiftskirche.

ersten Bewohner des Stiftes waren weltliche Chorherren gewesen, doch schon 1133 berief Leopold regulierte Kanoniker, also Augustiner-Chorherren, hierher. Die Bischöfe hatten großes Interesse an der Einführung der Augustinus-Regel, die sich zu dieser Zeit allgemein durchsetzte. Damals schlug auch die Geburtsstunde des Chorfrauenstiftes in Klosterneuburg (die alten Augustiner-Chorherrenstifte waren durchwegs als Doppelklöster konzipiert). Das Klosterneuburger Frauenstift St. Magdalena befand sich südlich des Chorherrenklosters und bestand länger alle anderen Doppelstifte der Augustiner. Erst in der Reformationszeit war auch dessen Ende gekommen, nachdem 1568 die letzte Chorfrau gestorben war.

Sowohl die Basilika als auch die Neue Burg zählten zu den imposantesten Bauwerken der Mark Österreich. Doch bereits Heinrich II. »Jasomirgott«, ein Sohn Leopolds, verlegte die Residenz nach Wien; lediglich Leopold VI., der vorletzte Babenberger, residierte noch einmal für kurze Zeit in Klosterneuburg. In dieser Zeit stattete er den Baukomplex großzügig aus; er war es auch, der die »Capella speziosa« erbauen ließ. Das freistehende Bauwerk befand sich südlich der Stiftskirche und wurde von einem burgundischen Baumeister um 1220 aus rotem und weißem Marmor errichtet. Dieses Kleinod der gotischen Baukunst wurde auf Befehl Josefs II. dekonsekriert und schließlich unter Franz II. abgebrochen, wobei einige Teile beim Bau der Franzensburg im Schloßpark von Laxenburg Verwendung fanden.
Die Witwe Leopolds VI., die byzantinische Prinzessin Theodora, lebte noch bis 1235 in der Klosterneuburger Burg, allerdings unter starker Einschränkung der Bewegungsfreiheit durch ihren Sohn, Friedrich II. den Streitbaren.
Über alle Jahrhunderte hinweg war das Stift streng papsttreu gesinnt. So sandte 1167 der damalige Propst dreißig Weihekandidaten nach Friesach, wohin Erzbischof Konrad, ein weiterer Sohn Leopolds III., im Zuge des Schismas geflohen war: Konrad war in diesen Jahren der einzige Bischof des Reiches, der nicht mit dem Gegenpapst Paschalis III. sympathisierte.
Bereits im 12. Jahrhundert wurde im Stift ein Skriptorium eingerichtet. Der erste systematische Bücherkatalog wurde 1330 angelegt und verzeichnet die für damalige Verhältnisse große Zahl von 366 Handschriften, von denen die meisten heute noch im Stift aufbewahrt werden. Auch die Pflege der Kirchenmusik begann sehr früh. Ein liturgisches Spiel, das »Klosterneuburger Osterspiel«, wurde bereits 1200 niedergeschrieben, aber vermutlich schon seit dem Einzug der Regularkanoniker regelmäßig aufgeführt.
1330 verursachte eine Brandkatastrophe schwere Schäden an den

Stiftsgebäuden; bald jedoch wurden die Schäden beseitigt und eine Vielzahl neuer Kunstwerke in Auftrag gegeben. 1485 wurde der Gründer – oder jedenfalls Mitbegründer – des Stiftes Klosterneuburg von Papst Innozenz VIII. heiliggesprochen. Die feierliche Erhebung der Reliquien Leopolds, der nach seinem Tode 1136 im Kapitelsaal beigesetzt worden war, fand allerdings erst 1506 – in Anwesenheit Maximilians I. – statt, da Klosterneuburg sich zum Zeitpunkt der Heiligsprechung in der Hand des Ungarnkönigs Matthias Corvinus befunden hatte. Der heilige Leopold ist, wie allgemein bekannt, auch der Landespatron von Niederösterreich und Wien.
In der Reformationszeit löste sich, wie bereits erwähnt, das Chorfrauenkloster auf, doch auch der Männerkonvent war auf sieben

Rechts: Marmorsaal mit Fresken Daniel Grans (1749).

Chorherren zusammengeschrumpft. Die schwierigste Zeit für das Stift kam 1683, als ein riesiges türkisches Heer Wien belagerte und zahlreiche vorgelagerte Orte und Städte, darunter auch Klosterneuburg, einzunehmen versuchte. Die Dörfer wurden ausnahmslos zerstört und geplündert, die Oberstadt Klosterneuburgs konnte sich aufgrund ihrer strategisch günstigen Lage halten. Im Kloster selbst waren nur zwei Männer zurückgeblieben, ein Laienbruder und ein Priester, die mit Bürgern und Bauern erfolgreich den Widerstand organisierten.

Nachdem die Stiftskirche bereits in drei Etappen zwischen 1634 und 1730 barockisiert worden war, begannen 1730 die Arbeiten an dem barocken Stiftsbau, dem sogenannten Kaiserbau. Dieser wurde auf Wunsch Kaiser Karls VI. einmal mehr nach dem Vorbild des »Escorial« von Donato Felice d'Allio geplant. Die in riesigen Dimensionen vorgesehene Anlage wurde jedoch nur zu einem Viertel ausgeführt. Im Josefinismus wurde das Stift nur zu einer Ausweitung der seelsorgerischen Tätigkeit verpflichtet, doch stellte es aus dem riesigen

Links: Die Vorhalle zum Marmorsaal, gleichzeitig oberer Abschluß der Kaiserstiege (Anfang 18. Jahrhundert). Rechts: Blick in die Bibliothek, mit rund 200.000 Bänden die größte Stiftsbibliothek Österreichs und darüber hinaus die größte private Bibliothek Österreichs (nicht zugänglich).

Grundbesitz Baugründe für bedürftige Siedler zur Verfügung. Daraus entstanden ganze Ortschaften, die später Wien eingemeindet wurden. Diese Siedlungen trugen und tragen die Namen von Klosterneuburger Pröpsten: etwa Floridsdorf (nach Floridus Leeb) oder Gaudenzdorf (nach Gaudenz Dunkler).
Die letzte bauliche Tätigkeit erfolgte am Ende des 19. Jahrhunderts, als unter der Leitung Friedrich Schmidts (des Erbauers des Wiener Rathauses) versucht wurde, an Kirche und Kreuzgang den mittelalterlichen Bauzustand wiederherzustellen.
Zwischen 1941 und 1945 war das Stift aufgehoben, einer der Chorherren (Roman Scholz) wurde sogar als Widerstandskämpfer hingerichtet. Damals verlor das Stift auch seine reichen Besitzungen in Ungarn.

Der Südturm der ursprünglich turmlosen *Stiftskirche* wurde 1394 begonnen, jedoch erst 1592 fertiggestellt; der Nordturm hingegen wurde – nachdem bereits 1636 der

Vierungsturm abgebrochen worden war – 1638 bis 1644 von Giovanni Battista Carlone im Zuge der ersten Barockisierungsphase der Kirche erbaut. 1887 bis 1892 wurden beide Türme in neogotischem Stil verändert, und auch die Bauplastik dabei ausgetauscht. Die bisher verbaute Westfassade wurde damals freigelegt und mit einem romanisierenden Portal versehen.
Das Innere der Stiftskirche »Mariä Geburt« ist durch die barocken Umbauten bestimmt, obwohl die dreischiffige romanische Basilika in ihren Grundzügen noch erkennbar ist. Den ersten barocken Umbau von 1634 bis 1645 leiteten als Baumeister Giovanni Battista Carlone, Andrea de Retti und Jakob Spaz. Damals wurde das Langhaus zu einem frühbarocken Saalraum umgestaltet, die Fenster vergrößert

Links: Blick auf die Stiftskirche. Das Gotteshaus ist im Kern romanisch, die Türme der Westfassade gotisch. Die beiden ursprünglich unterschiedlichen Türme (14. und 16. Jahrhundert) wurden 1887–92 neugotisch vereinheitlicht.
Rechts: Blick auf eine der beiden ausgeführten Kuppeln des Kaiserbaus.

und die Seitenschiffe in Kapellen unterteilt. In diesem Zeitraum, genauer um 1636, entstand auch die große *Orgel* der Kirche. Das Instrument ist ein Werk des Passauer Meisters Johann Freundt, der beim Bau die Pfeifen zweier mittelalterlicher Orgeln mitverwendete. Dieses Spielwerk ist bis heute erhalten geblieben.

Etwas später entstanden die Deckenfresken von Georg Greiner (um 1689) und der Stuck von Domenico Piazol. Die Fresken weisen neben einer Marienkrönung und Szenen aus dem Marienleben auch eine Darstellung »Die Türken vor Klosterneuburg« (im zweiten Joch) auf. Die Kanzel entstand um 1700 und ist ein Werk der Brüder Spaz.

Im *Presbyterium* befindet sich das prächtige, mit 24 Wappen des Hauses Habsburg verzierte Chorgestühl und – darüber – das Hoforatorium. Beide Werke wurden nach Entwürfen des Hofarchitekten Matthias Steinl ausgeführt. Der *Hochaltar* ist ebenfalls ein Werk Steinls, die Deckenfresken des Altarraumes, die die Himmelfahrt Mariens darstellen, schuf Johann Michael Rottmayr. All diese Werke entstanden in der dritten und letzten Barockisierungsphase der Kirche, die von 1723 bis 1730 andauerte.

An das nördliche Seitenschiff der Kirche schließt der *Kreuzgang* an, der in zwei Bauphasen entstand. Die älteren Teile stammen aus den Jahren 1250–1260, während die jüngeren Teile um 1330 unter dem Einfluß der burgundisch-zisterziensischen Frühgotik entstanden (vgl.

Heiligenkreuz). Das *Brunnenhaus* wurde später zu einer der heiligen Agnes geweihten Kapelle umgestaltet, in der sich heute das älteste erhaltene Einrichtungsstück der Stiftskirche, ein siebenarmiger, im 12. Jahrhundert in Verona entstandener Bronzeleuchter befindet. Der Kreuzgang wurde im 19. Jahrhundert restauriert und dabei neugotisch verändert. Gleiches gilt für die im Südwesten des Kreuzganges gelegene *Freisinger- oder Wehingerkapelle,* die vom Freisinger Bischof Berthold von Wehingen gestiftet und 1394 geweiht wurde.

Der alte *Kapitelsaal* des Stiftes, im 12. Jahrhundert als zweischiffige Halle erbaut, wurde nach der Heiligsprechung Leopolds zu einer Kapelle umgestaltet, diese wiederum entwickelte sich zu einem vielbesuchten Wallfahrtsort. 1677 bis 1680 schließlich wurde der Raum erweitert, barockisiert und mit Fresken versehen.

Über dem Grab Leopolds, dessen Gebeine nach der Heiligsprechung zunächst in einem silbernen Schrein, seit 1936 in einem neuen, vergoldeten und emaillierten Schrein ruhen, befindet sich der brühmte *Verduner Altar,* 1181 von Nikolaus von Verdun, einem lothringischen Goldschmied und Emailleur, im Auftrag des Propstes Wernher angefertigt. Die 45 emaillierten und vergoldeten Tafeln, die biblische Szenen nach einem genau festgelegten, in Klosterneuburg erarbeiteten theologischen Programm zeigen, waren ursprünglich als Verkleidung der Kanzelbrüstung in der Stiftskirche geschaffen worden.

Beim Kirchenbrand von 1330 konnte das Kunstwerk mit Mühe gerettet werden. Gleich darauf ließ es der damalige Propst als Flügelaltar fassen, wobei sechs Tafeln hinzugefügt wurden und die Rückseite mit vier großartigen Passionsbildern bemalt wurde. Diese Temperamalereien gelten als die ältesten datierbaren Tafelbilder Österreichs und befinden sich heute im Stiftsmuseum.

Der barocke Stiftsbau, der sogenannte Kaiserbau, geht auf eine Idee Karls VI. zurück: Im Gegensatz zu allen anderen großen Barockstiften sollte die Kirche nicht mehr allein den Komplex beherrschen, sondern der »Kaiserbau« mit seinen neun geplanten Kuppeln, die alle die Krone des Heiligen Römischen Reiches Deutscher Nation beziehungsweise den österreichischen Erzherzogshut tragen sollten (nur zwei davon wurden auch ausgeführt), sollte das Gegenstück dazu bilden – als Dokumentation der weltlichen Macht des Kaisers.

Bereits ein Jahr nach dem Tode Karls VI. (1740) kam der Bau zum Erliegen, nicht zuletzt, da die Ausführung der Gesamtanlage selbst für Klosterneuburg den finanziellen Ruin bedeutet hätte. Vollendet wurde – in den Jahren 1749 bis 1756 – nur noch der prächtige Marmorsaal. Erst 1836 bis 1842 wurden die begonnenen Trakte unter der Leitung Josef Kornhäusels endgültig fertiggestellt.

Die *Kaiserstiege,* deren Ausschmückung zum Großteil nicht mehr ausgeführt wurde, führt zum *Marmorsaal,* einem ovalen Prunk- und Repräsentationsraum, dessen 1749 entstandenes Kuppelfresko von Daniel Gran die Verherrlichung des Hauses Österreich zum Inhalt hat. Die *Kaiserzimmer,* die von Karl VI., ganz im Gegensatz zu manchen Pendants in anderen Klöstern, auch tatsächlich bewohnt wurden, weisen hervorragende Stuckarbeiten von Santino und Gaetano Bussi auf, die Bildhauerarbeiten schuf Lorenzo Mattielli, die prunkvollen Öfen, Kamine und Supraporten entstanden nach Entwürfen Donato Felice d'Allios, des beauftragten Architekten der Gesamtanlage, der bei der Außengestaltung allerdings Änderungen durch das Hofbauamt, das kurze Zeit unter der Leitung Fischers von Erlach stand, hinnehmen mußte. Der *Gobelinsaal* war als Speisesaal des Kaisers konzipiert worden und ist mit Brüsseler Tapisserien vom Anfang des 18. Jahrhundert ausgestattet, Szenen aus dem Leben des Telemachos, des Sohnes Odysseus', darstellend.

Oben: Blick von Osten auf den Kaiserbau.

Im Erdgeschoß des Mittelteiles der Barockanlage befindet sich eine unvollendet gebliebene, gewaltig angelegte *Sala terrena* mit Skulpturen Mattiellis.
Bibliothek und *Schatzkammer* sind nicht öffentlich zugänglich.
Auf dem Stiftsplatz, dem ehemaligen Friedhof, befinden sich eine gotische Lichtsäule aus dem Jahr 1381, der sogenannte *Binderstadel* mit dem bekannten Tausendeimerfaß sowie in dessen unmittelbarer Nähe die *Sebastianikapelle* mit einem Anbau. In der 1421 geweihten, Ende des 18. Jahrhunderts allerdings weitgehend abgetragenen und 1974 wiedererrichteten Kapelle wurden 24 Tafeln des Albrechtsaltars von 1439 aufgestellt, der sich bis 1774 in der Karmeliterkirche Am Hof in Wien befunden hatte. In den erwähnten Zubau wurden 1961 der frühgotische Kapitelsaal und ein Kreuzgangtrakt des ehemaligen Zisterzienserinnenstiftes St. Bernhard bei Horn übertragen.

Stift Klosterneuburg stellt mit seinen umfangreichen landwirtschaftlichen, forstwirtschaftlichen und weinproduzierenden Aktivitäten einen bedeutenden Wirtschaftsfaktor dar. Neben wissenschaftlicher Betätigung ist die Seelsorge traditionell Hauptaufgabe der Chorherren: 23 Pfarren, meist innerhalb des Wiener Stadtgebietes, sind inkorporiert. Der Klosterneuburger Konvent umfaßt derzeit 44 Mitglieder.

St. Florian

Am Beginn des Klosters St. Florian steht eine Märtyrerlegende: Florianus, Amtsvorsteher in Lauriacum (Lorch), das Verwaltungszentrum der römischen Provinz Noricum ripense (Ufernoricum) war, wurde wegen seines Bekenntnisses zum Christentum zunächst seines Amtes enthoben und nach Cetium (St. Pölten) versetzt. Im Jahr 304 kam er nach Lauriacum zurück – oder wurde dorthin gebracht –, wo der hohe römische Beamte gleich zahlreichen anderen römischen Bürgern, die sich zum Christentum bekannt hatten, vom Statthalter der Provinz, Aquilinus, im Sinne der Edikte Diokletians zum Tode verurteilt wurde.

Nach Folterungen wurde Florianus mit einem um den Hals gebundenen Stein von der Lorcher Brücke in die Enns gestürzt. Der Leichnam sei an Land gespült, dort von einer frommen Matrone geborgen und schließlich in den nahen Buchenwäldern begraben worden, will die Legende wissen. An dieser Stelle sei in der Folge ein Kloster errichtet worden.

Fest steht, daß sich an der Stelle des heutigen Klosters schon sehr früh eine Andachtsstätte befunden hat, wohl tatsächlich über oder in der Nähe des Grabes des Florianus, der als Märtyrer der Spätantike zu den Heiligen zählt und besonders in Österreich und Bayern als Schutzpatron gegen Feuersnot verehrt wird. Offenkundig setzte die Verehrung des Märtyrers schon unmittelbar nach seinem Tod ein: Grabungen in Lorch förderten im Jahr 1962 einen Steinsarg aus dem 4. Jahrhundert zu Tage, in dem sich Skelettüberreste von rund vierzig Menschen befanden. Diese wurden 1968 als heilige Gebeine der Märtyrer von Lorch im Hochaltar der Klosterkirche von St. Florian beigesetzt. Grabungen in der Kirche selbst brachten zwar nicht das Grab Florians zutage, wohl aber römisches Mauerwerk und Teile eines vorkarolingischen Baues. All dies beweist den historischen Kern der Floriani-Legende, deren früheste Niederschrift in zwei Handschriften des 9. Jahrhunderts erhalten geblieben ist. Hinsichtlich des Lebens und Martyriums des Florianus ist die noch ältere Niederschrift des römischen Martyrologiums (um 750) von großer Bedeutung.

Aufgrund dieser historischen Umstände existiert kein Stiftungsbrief für das Kloster; in einer Urkunde des 11. Jahrhunderts wird es als Gründung der ältesten

Vorhergehende Seite: Stiftshof mit Adlerbrunnen. Blick auf das Treppenhaus im Westflügel und den sogenannten Bläserturm.
Rechts: Arkade des 1706 bis 1714 erbauten Treppenhauses.

Bewohner des Lorchgaues bezeichnet. Die Gründung des Augustiner-Chorherrenstiftes ist hingegen genau datierbar: Bischof Altmann von Passau verpflichtete 1071 die Kanoniker zur Annahme der Augustinus-Regel. Altmann konsekrierte auch in der eben errichteten romanischen Klosterkirche fünf Altäre und weihte das Gotteshaus der Himmelfahrt Mariens. Damit war das ursprüngliche Patrozinium St. Florian an zweite Stelle gerückt, blieb aber bis heute namensgebend. Seit 1071 waren dem Stift, entsprechend der neuen Ordensregel, große Teile des umgebenden Landes zur pfarrlichen Betreuung zugewiesen.

1235 brannte die romanische Stiftskirche nieder und wurde 1274 bis 1291 durch einen gotischen Bau ersetzt. Im 13. Jahrhundert hatte die Klosterschule von St. Florian bereits eine erste Blüte erreicht, im 14. Jahrhundert entstanden in der Buchmalschule des Stiftes bedeutende Werke der Illuminationskunst. An der Wende vom 15. zum 16. Jahrhundert schuf Albrecht Altdorfer für die Stiftskirche die Tafeln des Sebastianialtars (um 1518), der sich heute in der »Altdorfergalerie« des Stiftes befindet.

In der Reformationszeit wurden, neben der geistigen und zahlenmäßigen Beeinträchtigung des Konvents, die Gebäude des Stiftes über Jahrzehnte vernachlässigt. Nach der Sanierung der Gebäude erfolgte 1612 bis 1646 – bereits im Zuge einer ersten Barockisierungsphase – die Adaptierung der gotischen Kirche und der Neubau eines Klostertraktes. Dieser sogenannte Leopoldinische Trakt bildete den planerischen Fixpunkt für den umfassenden Neubau des Stiftes, der ab 1686 erfolgte. Unter der Ägide von vier Pröpsten arbeiteten drei Baumeister an der gewaltigen Anlage, die nun anstelle des engen mittelalterlichen Konventsbereiches und anstelle der in ihren Ausmaßen bescheidenen gotischen Kirche entstand. Carlo Antonio Carlone leitete die Bauarbeiten bis zu seinem Tod im Jahr 1708. Unter Carlone, der auch den Gesamtplan erstellt hatte, entstanden die Kirche und ein Teil der Stiftsgebäude bis zum Hauptportal. Carlones Nachfolger war Jakob Prandtauer, der die Bauleitung ebenfalls bis zu seinem Tod im Jahre 1726 innehatte. Prandtauer zeichnete für die Westfront samt dem Portal, die Gestaltung des Stiegenhauses und für den monumentalen Marmorsaal verantwortlich. Nach seinem Tod führte der Polier Jakob Steinhueber die Arbeiten fort, ehe 1744 der Steyrer Baumeister Gotthard Hayberger mit der Fertigstellung der Anlage beauftragt wurde. Als letzter Teil wurde 1751 die Stiftsbibliothek vollendet.

Rechts: Konventgang im ersten Stockwerk des Westflügels.

In St. Florian blieben, im Gegensatz zu anderen großen Barockanlagen, nicht einmal Spuren der Vorgängerbauten erhalten, so radikal war der Erneuerungswille der Barockäbte gewesen. Hinzu kam die Tatsache, daß St. Florian stets ein sehr wohlhabendes Stift gewesen war. Dementsprechend waren die finanziellen Verluste im Josefinismus: ein Teil der seit dem Hochmittelalter enorm angewachsenen Ländereien und 900 kg Kirchensilber mußten an den Religionsfonds abgeliefert werden. Dennoch blieben die Florianer Chorherren auch im 19. Jahrhundert sehr einflußreich. Einige waren im Lehrfach tätig, sowohl an Gymnasien als auch an der 1846 gegründeten und erst 1968 aufgelösten philosophisch-theologischen Hauslehranstalt. Die im 18. Jahrhundert gegründete Florianer Historikerschule brachte im 19. Jahrhundert bedeutende Werke der Geschichtsschreibung hervor.
1941 bis 1945 war das Stift beschlagnahmt und beherbergte in dieser Zeit staatliche Institutionen des NS-Regimes.

Das pompöse *Stiftsportal* wurde von Jakob Prandtauer entworfen und gewährt bereits einen Durchblick in den großen *Stiftshof*. Vier mächtige Atlanten tragen den größeren der beiden Balkone. Auf der Balustrade schließen Figuren der klösterlichen Tugenden Eintracht, Standhaftigkeit, Frömmigkeit und Fleiß die Komposition ab.
Das Zentrum des großen Stiftshofes bildet der *Adlerbrunnen* aus dem Jahr 1757, ein Werk Johann Paul Sattlers, eines Sohnes Leonhard Sattlers, der das gesamte künstlerische Mobiliar für den barocken Neubau entwarf. Einer der drei den Hof umgebenden Flügel – der

Links: Hauptorgel der Stiftskirche, als »Bruckner-Orgel« bezeichnet. Das Instrument ist ein Werk Franz Xaver Krismanns aus den Jahren 1770 bis 1774.
Rechts: Blick vom Portal des Prälatengartens auf die Westfassade.

Nordflügel – stammt noch aus der ersten barocken Bauphase, um 1630, während die übrigen drei Trakte zu Beginn des 18. Jahrhunderts errichtet wurden. An diesen Trakten bilden die mächtigen Mittelrisalite jeweils die Bibliothek (Osttrakt), den Marmorsaal (Südtrakt) und das Stiegenhaus, das der Fassade des Westtraktes vorgeblendet ist und die Funktion des Mittelrisaliten übernimmt.

Das *Stiegenhaus* von St. Florian stellt selbst in einem Jahrhundert, das Treppenhäuser zu einem architektonischen Hauptthema gemacht hatte, eine herausragende Leistung dar. Carlone und Prandtauer arbeiteten an diesem fast eigenständigen Bauwerk. Die allegorischen Nischenfiguren, Vasen und Putti stammen von Leonhard Sattler, der Stuck von Manfredo Maderni. Franz Karl Remp schuf die Deckengemälde im Jahr 1713.

Der zweite Stock des Westflügels wird von den insgesamt vierzehn *Kaiserzimmern* eingenommen.

Links: Detail eines der beiden Kaminaufsätze im Marmorsaal.
Rechts: Detail aus der Äbtegruft.

Schon Arnulf, zuvor Herzog von Kärnten, besuchte im Jahr 888 als deutscher König (ab 896 Kaiser) Stift St. Florian. Ihm folgten im Laufe der Jahrhunderte Maximilian I., Matthias, Ferdinand II., Ferdinand III. und Leopold I. Diese Vielzahl höchstgestellter Besucher ließ es nötig erscheinen, bei der barocken Neukonzeption des Stiftes eine Anzahl besonders repräsentativer Räume einzuplanen. So entstanden die sechzehn *Kaiserzimmer*, die seit ihrer Errichtung von Karl VI., Maria Theresia, Papst Pius VI., aber auch von Künstlern wie Michael Haydn, Franz Schubert und Franz Grillparzer bewohnt wurden.
Das erste der Kaiserzimmer trägt die Bezeichnung Faistenbergerzimmer (nach dem Tiroler Gabriel Josef Faistenberger, der es mit Ölgemälden ausgestattet hat). Das Deckenfresko stammt von Franz Carl Remp. Das Papstzimmer, ursprünglich als Damenschlafzimmer konzipiert, beherbergte Pius VI. anläßlich seines Besuches in Österreich im Jahr 1782. Den beiden anschließenden Kaisergemächern, in denen Karl VI. und seine Gemahlin Elisabeth übernachtet hatten, folgt der Audienzsaal. Dessen Deckenfresko, 1711 von Johann Degler und Wenzel Halbax geschaffen, zeigt die Vision Daniels von den vier Weltreichen, wobei im malerischen Programm postuliert wird, daß das Haus Österreich ewig bestehen werde.
Auf das Gobelinzimmer folgt das sogenannte Prinz-Eugen-Zimmer. Dieses Zimmer, in dem der Feldherr nie genächtigt hat, enthält das zweifellos ungewöhnlichste und eindrucksvollste Möbel aller Kaiserzimmer: das »Türkenbett«. Das Prunkbett ist rundum mit Figuren von der Hand Leonhard Sattlers geschmückt, die gefangene Türken,

Krieger und jubelnde Putti darstellen. Auch das abgeschlagene Haupt des Holofernes ist verewigt. Diese Metapher auf den Sieg über die Türken und auf den Krieg im allgemeinen setzt sich auch im Deckenfresko und in den Wandbildern fort. Räumlich und thematisch schließt das Jagdzimmer an. Besonders reich ist das folgende Bischofszimmer ausgestattet: Seinen Namen erhielt es nach den Portraits der Linzer Bischöfe an den Wänden.

Den Abschluß der Kaiserzimmer bilden das Offizierszimmer und die beiden Brucknerzimmer, die als Gedenkstätte eingerichtet sind.

Der 30 x 15 x 15 Meter große *Marmorsaal*, der einen großen Teil des Südtraktes einnimmt, ist eines der Hauptwerke Prandtauers. Auch hier stammt der plastische Schmuck von

Links: Sarkophag Anton Bruckners in der Gruft unter der nach ihm benannten Hauptorgel.
Rechts: Der Marmorsaal wurde 1718 nach einem Entwurf Jakob Prandtauers errichtet. Das Deckengemälde stammt von Bartolomeo Altomonte (nach Entwürfen seines Vaters Martin) und Ippolito Sconzani.

Leonhard Sattler, während das riesige Deckengemälde von Bartolomeo Altomonte nach einem Entwurf seines Vaters Martin Altomonte in den Jahren 1723 bis 1724 ausgeführt wurde. Die Scheinarchitektur stammt von Ippolito Sconzani. Thema des Deckenfreskos ist die Verherrlichung der Siege Österreichs über die Türken und des Friedenskaisers Karl VI. Analog dazu befinden sich an den beiden Stirnseiten des Saales über Scheinkaminen Gemälde, ebenfalls Werke Bartolomeo Altomontes, die jeweils Karl VI. und seinen Feldherrn Prinz Eugen zu Pferde darstellen.

Im Mittelrisalit des Ostflügels befindet sich die *Bibliothek,* die als letzter barocker Bauteil 1745 bis 1751 von Gotthard Hayberger errichtet wurde. Deutlich ist bereits der Stilwandel zum Rokoko hin zu erkennen. Doch auch hier waren noch die Bildhauerfamilie Sattler und Bartolomeo Altomonte (1702–1779) mit der Ausstattung betraut. Mitarbeiter Altomontes am großen Deckenfresko, das die Verbindung von Tugend und Wissenschaft darstellt, war Antonio Tassi. Die Bibliothek enthält rund 140.000 Bände, darunter 900 Handschriften, die bis ins 9. Jahrhundert zurückreichen, und 800 Inkunabeln.

Die *Kunstsammlungen* des Stiftes umfassen nicht nur Gemälde des 15. bis 19. Jahrhunderts – darunter vierzehn Tafeln Altdorfers vom Hochaltar der alten Klosterkirche und die Entwürfe beider Altomonte für die Deckenfresken –, sondern auch Glasfenster, darunter das einzige erhaltene Stück aus den Glasfenstern der gotischen Stiftskirche, und zwei überlebensgroße Holzplastiken, Darstellungen des heiligen Florian aus dem frühen 14. Jahrhundert.

Der Innenraum der *Stiftskirche* – 1686 bis 1708 von Carlone erbaut – folgt ganz deutlich der Idee des »theatrum sacrum«. Dieser Theatereffekt wird besonders durch die logenartig vorspringenden Oratorien gesteigert. Die Deckenfresken mit ihrer üppigen Scheinarchitektur sind ein Werk von Johann Anton Gumpp und Johann Melchior Steidl aus den Jahren 1690 bis 1695. Die Stuckierung stammt von Bartolomeo Carlone.

Der bemerkenswerteste Teil der Kircheneinrichtung – neben dem Kirchengestühl von der Hand Stephan Jeggs (die aus dem Ort St. Florian stammende Tischlerfamilie Jegg verfertigte in Zusammenarbeit mit dem bereits mehrfach erwähnten Bildhauer Leonhard Sattler eine Vielzahl meisterhafter Möbel für das Stift) und der Rokokokanzel von 1755 – ist die sogenannte *Bruckner-Orgel.* Das Instrument wurde 1770 bis 1774 von Franz Xaver Krismann aus Laibach erbaut, das Orgelgehäuse stammt von Johann Christian Jegg. Anton Bruckner, 1824 im nahen Ansfelden geboren, war Schüler des heute noch bestehenden Sängerknaben-Konvikts von St. Florian und später Stiftsorganist. 1924 wurde daher die große Orgel der Stiftskirche nach ihm, der später

nach Linz und schließlich nach Wien ging, benannt.
Bruckner, der 1896 in Wien starb, liegt in der Klostergruft des Stiftes begraben. In dieser Gruft befinden sich außerdem die Särge der Äbte seit der Barockzeit.

Auch etwa sechstausend Totengebeine aus dem aufgelassenen mittelalterlichen Friedhof wurden hierher transferiert.

Links: Fresko über dem Spiegelgewölbe des Stiegenhauses von Franz Karl Remp.
Rechts: Ansicht des Stiftskomplexes von Osten.

Dreißig Pfarren sind dem Stift inkorporiert. Die Chorherren widmen sich vorwiegend der Seelsorge und der Schultätigkeit. Der Musiktradition – Orgelspiel und Chorgesang der Sängerknaben – kommt in St. Florian besondere Bedeutung zu. Der Konvent besteht derzeit aus fünfzig Mitgliedern. Land- und Forstwirtschaft bilden die – im Vergleich zur Barockzeit stark geschmälerte – wirtschaftliche Basis des Stiftes.

Vorau

So groß war die Freude Otakars III., Markgraf von Steiermark, als 1163 sein Sohn Otakar, später erster Herzog der Steiermark, geboren wurde, daß er seinen Landbesitz um Vorau dem Salzburger Erzbischof Eberhard I. übergab, um an dieser Stelle ein Chorherrenstift zu errichten. Eberhard besiedelte die Neugründung mit Geistlichen aus seinem Domstift St. Rupert und ernannte den Dechant von Seckau, Liupold von Trafößß, zum ersten Propst. Den Ausgangspunkt der Stiftssiedlung bildete ein kleines, schon 1149 dem Apostel Thomas geweihtes Kirchlein.

Bereits 1237 vernichtete ein Großbrand das Stift; der Propst, Bernhard II., kam bei dem Versuch, Handschriften und Wertgegenstände zu retten, in den Flammen um. Der nun folgende Wiederaufbau war mit großen Schwierigkeiten verbunden. Nach dem Tode Friedrichs II., des letzten Herzogs von Österreich aus dem Hause der Babenberger, breitete sich das Raubritterunwesen stark aus. Diese Ritter beherrschten das Gebiet um Vorau von einer Anzahl von Grenzburgen aus.

1277 allerdings stellte Rudolf von Habsburg, der Sieger von Dürnkrut, Vorau unter seinen Schutz. So konnte das Stift einen langsamen Aufschwung nehmen, der aber durch einen weiteren Brand 1384 und durch innere Schwierigkeiten um 1400 wieder zunichte gemacht wurde.

So entschloß sich 1433 der Salzburger Erzbischof, einen Priester aus dem Chorherrenstift Berchtesgaden, Andreas von Pranpeck, zum Propst von Vorau zu ernennen. Er und sein Nachfolger, Leonhard von Horn, bauten das Stift nicht nur wieder auf, sondern bauten es auch zu einer Klosterburg aus, um der wachsenden Türkengefahr zu begegnen. Mehr noch, unter der Führung dieser beiden Pröpste trat auch eine geistige Erneuerung ein, und die Vorauer Schreibschule, die viele Meisterwerke, allen voran das Vorauer Evangeliar aus dem 12. Jahrhundert, hervorgebracht hat, erreichte einen Höhepunkt.

Im Juli 1451 wurde eine Konföderation mit den Franziskanern abgeschlossen, so wie schon 1302 mit den Seckauer Chorherren. Insgesamt schloß Vorau im Laufe der Zeiten fünfzig solcher Gebetsverbrüderungen ab. Jene von 1451 ist jedoch von besonderem Interesse, trägt das dazugehörige Schriftstück doch die Unterschrift eines Heiligen: des Johannes von Kapistran. Dieser franziskanische Wanderprediger, benannt nach seinem Geburtsort Capestrano in den Abruzzen, zog durch Italien, Deutschland, Böhmen, Polen und Österreich und predigte den Widerstand gegen die Türken. Er starb 1456, nachdem er im gleichen Jahr wesentlich am Sieg über die Osmanen bei Belgrad beteiligt gewesen war.

Vorhergehende Seite: Blick auf das Gartenhaus, das ursprünglich den Chorherren als Ort der Ruhe und Erholung diente.
Rechts: Blick in die Bibliothek (Anfang des 18. Jahrhunderts). Die großen Deckenfresken stammen von Ignaz Gottlieb Kröll, zarter Blattwerkstuck überzieht Wände und Decke.

1452 wurden die Vorauer Pröpste infuliert, 1453 verlieh Kaiser Friedrich III. dem Stift das jetzige Wappen – es zeigt den Apostel Thomas vor dem Erlöser sowie einen geflügelten Greifenfuß – und gleichzeitig die Berechtigung, eine Rüstkammer einzurichten.

1504 noch beschickte Vorau das Stift Pöllau mit Chorherren. Pöllau war bereits 1482 gegründet, aber erst 1504 besiedelt worden, wurde 1785 aufgehoben und danach nicht wiederbesiedelt. 1542 lebte noch ein einziger Chorherr in Vorau. Das Stift war nun zwei Jahre lang vakant, es konnte kein Propst gefunden werden. Die Gründe für diesen Tiefpunkt waren einerseits die triste finanzielle Situation aufgrund der drückenden Abgaben für die Finanzierung der Türkenkriege, andererseits das Vordringen der Reformation. Darüber hinaus wütete 1503–1505 die Pest, die allein in Vorau 800 Todesopfer forderte. Wieder war es ein Profeß aus Berchtesgaden, der Stift Vorau neue Impulse gab: Benedikt von Perfall, der von 1594 bis 1615 regierte. In diesen Jahren fielen noch einmal 600 Personen der Pest zum Opfer. Dennoch war der Aufschwung Voraus nun nicht mehr aufzuhalten: die bau- und sinnenfreudige Barockzeit nahte mit Riesenschritten.

1660 bis 1662 entstand der Neubau der Stiftskirche nach Plänen von Domenico Sciassia, 1688 folgte der Bau des Prälaturtrakts. Von 1708 bis 1731 wirkte hier der Innsbrucker Maler Johann Cyriak Hackhofer, der vielen Innenräumen Voraus seinen künstlerischen Stempel aufdrückte. 1720 und 1721 entstanden zwei für Vorau charakteristische Bauwerke: zum einen die unmittelbar vor dem Stift befindliche »Frauensäule«, eine Pestsäule mit Darstellungen der Muttergottes, ihrer Eltern Anna und Joachim sowie weiterer sechs Heiliger; zum

anderen das Gartenhaus, das an dem prächtigen Lindenhain liegt, der zum Stift führt. Dieser Lindenhain ist in seiner Anlage siebenhundert Jahre alt. Das Gartenhaus diente der Entspannung der Chorherren, ganz der barocken Weltsicht entsprechend. Selbst Theateraufführungen fanden hier einst statt. Die Bemalung dieses Baues stammt ebenfalls von J. C. Hackhofer. 1730 wurde schließlich die Fassade der nun fertiggestellten Stiftsgebäude so bemalt, wie sie sich heute dank der umfassenden Renovierung anläßlich des 825jährigen Jubiläums 1988 dem Besucher wieder präsentiert.
Bereits 1778 wurde im Stift eine Hauptschule eingerichtet, der auch eine Lehrerbildungsanstalt angeschlossen war. Unter anderem die-

Links: Zwei der zahlreichen Kartuschen in der Bibliothek. Einige davon haben Metaphern zum Inhalt, z. B. links: »Reddo cuique suum« (Ich – der Spiegel – gebe jedem das Seine zurück).
Rechts: Über einer der beiden charakteristischen Schallmuscheln der Bibliothek führt eine Wendeltreppe in das Handschriftenzimmer.

sem Umstand verdankte das Stift, daß es der Aufhebung in josefinischer Zeit entging.
Erst 1844 wurde die alte, gegen die Türken errichtete Festungsmauer abgetragen und der Wassergraben teilweise zugeschüttet. Im ökonomischen Bereich brachte die Aufhebung der Grundherrschaft 1848 naturgemäß manche Einbußen mit sich; eine sehr prekäre finanzielle Situation entstand jedoch nach dem Ersten Weltkrieg, nur umfangreiche Verkäufe konnten Abhilfe schaffen.
1940 bis 1945 war Vorau nicht nur, wie praktisch alle anderen Stifte, aufgehoben, sondern wurde in eine NS-Parteischule umgewandelt und lag zudem mitten im Kampfgebiet. Dadurch wurde Vorau von Brandbomben getroffen und beschossen, brannte zum Teil nieder und war zum anderen Teil schwer beschädigt. Aus der Bibliothek wurden 5.000 Bände entwendet.
Der Wiederaufbau nach 1945 kam erst 1988 mit der bereits erwähnten Erneuerung der Fassade zum endgültigen Abschluß.

Durch den *Torturm* aus den Zeiten des wehrhaften Ausbaus im 17. Jahrhundert betritt man die Gesamtanlage. Dieser Torturm ist mit 38 Metern Höhe der höchste der fünfzehn noch erhaltenen Türme. Gegenüber, am anderen Ende des großen Vorhofes, liegt die *Stiftskirche.* An diese schließen südlich und nördlich die Gebäude der Klausur und der Prälatur an.

Während die Kirchenfassade betont schlicht gehalten ist, sind die Gebäudefassaden 1735 reich mit Stuck verziert worden.
Der *Prälaturtrakt* ist ungleich reicher ausgestattet als die Klausur. Im Westtrakt der Prälatur befinden sich die Räume des Propstes mit anschließender Privatkapelle, im zweiten Obergeschoß mehrere Repräsentationsräume, darunter das *Fürstenzimmer* mit bemalten Wandbespannungen, die Szenen aus dem Leben des heiligen Augustinus darstellen. In diesen Räumen haben sich mehrere hervorragende Öfen aus der Barockzeit erhalten. Der Großteil der Räume des Prälaturtrakts wurde jedoch in den letzten Jahren für das Bildungshaus adaptiert, das in zeitgemäßer Form der Erwachsenenbildung dient.

Links: »Die Königin von Saba besucht Salomo«: Das Fresko Ignaz Gottlieb Krölls in der Bibliothek symbolisiert die Philosophie. Kröll war ein Schüler des für Vorau so bedeutenden Johann Cyriak Hackhofer.
Rechts: Detail eines Bibliotheksschrankes.

Die *Stiftskirche,* eine einschiffige Wandpfeilerkirche mit dem Patrozinium des heiligen Thomas, entstand in ihrer heutigen Form 1660–62 wohl nach Plänen von Domenico Sciassia. Auffällig ist der überreiche Freskenschmuck im Inneren. Die Freskierung nahm fünfzig Jahre in Anspruch (1700–1750) und stammt von vier verschiedenen Künstlern: Karl Ritsch, Josef Grafenstein, Johann Kaspar Waginger und Karl Unterhuber. Das malerische Programm ist jedoch einheitlich: Christus als Welterlöser.

Der prunkvolle *Hochaltar* ist ein Werk von Matthias Steinl aus den Jahren 1701 bis 1704. Über der Altarplastik, die eine Apostelgruppe vor dem leeren Sarkophag Mariens darstellt, befindet sich ein ovales Gemälde des Venezianers Antonio Bellucci, die Himmelfahrt Mariens darstellend.

Die *Kanzel* ist ebenfalls ein Werk Steinls von 1706, während das *Chorgestühl* wie die Kreuzwegbilder und die Glasfenster aus der Mitte des 19. Jahrhunderts stammen.

Einige der durchwegs bemerkenswerten Seitenaltäre weisen Altarblätter von der Hand Cyriak Hackhofers auf (Augustinusaltar und Sebastianaltar).
Die *Sakristei* gilt als der künstlerisch wertvollste Raum Voraus. Sie enthält neben anderen Fresken, die wohl als Werke von Schülern Hackhofers gelten können, zwei große Fresken Johann Cyriak Hackhofers, die als seine Hauptwerke angesehen werden. Im Deckenfresko, »Das jüngste Gericht«, wird der natürliche Helligkeitsabfall im Raum in genialer Weise genützt. An der Westwand schließt das Fresko des »Höllensturzes« an, das, von außergewöhnlicher malerischer Qualität, Schreckensvisionen heraufbeschwört, noch gesteigert durch das Halbdunkel, in dem dieser Teil der Sakristei liegt.

Links und rechts: Zimmer im Prälaturtrakt mit schönem barockem Kamin, bemalt mit reizvollen Chinoiserien.

Die *Bibliothek*, im Nordtrakt der Prälatur gelegen, ist ebenfalls ein sehr bekannter Raum des Vorauer Stiftes. Ein Schüler Hackhofers, Ignaz Gottlieb Kröll, hat den Raum reich freskiert, zarter Blattwerkstuck überzieht Wände und Decke. An dieser symbolisieren drei große Fresken die Philosophie, die Theologie und die Jurisprudenz. Von besonderer Anmut sind kleine Fresken in zahlreichen, über den ganzen Raum verteilten Kartuschen, die Propheten und Evangelisten, aber auch die Erdteile und verschiedene Tugenden in originellen Metaphern darstellen. Die Schränke, an denen die Farben des Stiftswappens, gold und blau, immer wiederkehren, wurden 1767 von Vorauer Tischlern angefertigt. Eine Besonderheit der Vorauer Bibliothek sind die beiden Schallmuscheln, die das Hören eines geflüsterten Wortes auf der anderen Seite des Raumes ermöglichen sollten. Über der Schallmuschel der

Links: Blick auf den Hochaltar in der Stiftskirche. Der Altar ist ein Werk Matthias Steinls aus den Jahren 1701 bis 1704.
Rechts: Gesamtansicht von Stift Vorau.

Westwand führt eine schmale doppelte Wendeltreppe zum ehemaligen *Handschriftenzimmer.* Dieses wurde 1731 einheitlich gestaltet; das Fresko »Die drei göttlichen Tugenden« stammt von Josef Georg Mayr, das schon von der Bibliothek sichtbare große Ölgemälde der »Immaculata« ist ein Werk des fürstlich Eggenbergischen Hofmalers Hands Adam Weissenkircher von 1686. An erster Stelle der großen Zahl illuminierter Handschriften, die die Vorauer Bibliothek aufzuweisen hat, steht das Vorauer Evangeliar vom Ende des 12. Jahrhunderts, das noch heute – bei der Ablegung einer Profeß – in Verwendung steht. Weitere herausragende Werke sind ein vierbändiges Riesenantiphonar aus dem Kloster Višehrad bei Prag von 1363, eine in deutscher Sprache abgefaßte Volksbibel von 1467 sowie die älteste frühmittelhochdeutsche Sammelhandschrift geistlicher und weltlicher Dichtungen, ein Werk des Vorauer Propstes Bernhard I. aus dem Jahr 1190.

In der Nähe Voraus befindet sich die *Festenburg,* die sich seit dem Jahr 1616 im Besitz des Stiftes befindet und in mancher Hinsicht von besonderem Interesse ist. Die Anfänge der Burg reichen in das 12. Jahrhundert zurück, im frühen 15. Jahrhundert war sie im Besitz des bekannten Minnesängers Hugo von Montfort, wurde 1532 vergeblich von den Türken belagert und schließlich 1616 vom Freiherrn von Saurau an das Chorherrenstift Vorau verkauft. Weil die Nonnen des Chorfrauenstiftes von Kirchberg am Wechsel (1782 aufgehoben und nicht wieder besiedelt) hier wiederholt vor den Türken und den Kuruzzen Zuflucht gesucht hatten, kam der Plan auf, die alte Burg zu einer Klosterfestung umzubauen. Die genannten Gefahren waren jedoch bald nicht mehr vorhanden, und so wurde der Plan fallengelassen. Statt dessen diente Festenburg im 18. Jahrhundert als Alterssitz pensionierter Chorherren. In diesem Zeitraum wurde die Burg auch künstlerisch ausgestattet, und zwar von Johann Cyriak Hackhofer, der hier gemeinsam mit dem Salzburger Bildschnitzer Johann Fenest arbeitete. Das Resultat dieser Zusammenarbeit ist ein dichtes Programm

von starker Ausdruckskraft und von meisterhaftem Illusionismus, das vom Kalvarienberg neben der Kirche und dem breiten Stiegenaufgang über mehrere Kapellen zur Katharinenkirche führt.
Eine der Kapellen (die Loretokapelle) imitiert im Inneren die Santa Casa, also das Haus der heiligen Familie in Nazareth, das der Legende nach Ende des 13. Jahrhunderts von Engeln nach Loreto in Italien übertragen worden sein soll. Eine andere Kapelle (die Krönungskapelle) zeigt im Inneren einen Kerker mit der Figur des dornengekrönten Heilands. Das Innere der Katharinenkirche versteht sich als barockes Gesamtkunstwerk, als »theatrum sacrum«.
Stift Vorau betreibt heute eine ländliche Hauswirtschaftsschule und das bereits erwähnte Bildungshaus, zu dem mehrere Vortragssäle sowie Gästezimmer mit modernstem Komfort gehören. Die Programme des Bildungshauses vermitteln allgemein-kulturelle, geistliche, aber auch handwerkliche und praktische Inhalte.
Dem Vorauer Konvent gehören derzeit zwanzig Chorherren und drei Novizen an, zehn Pfarren sind inkorporiert.

Schlägl

Als Kalhoch von Falkenstein 1218 im nördlichen Mühlviertel, am Rande des Böhmerwaldes, ein Kloster begründete und es mit Prämonstratensern besiedelte, war dies sein zweiter Anlauf, in dem umwegsamen, kaum bewohnten Gebiet eine Klostergründung vorzunehmen. Kurz zuvor war ein Versuch, den Zisterziensern die Kultivierung dieses Gebietes anzuvertrauen, fehlgeschlagen. Die ersten Bauten der »weißen Mönche« waren wohl nur simple Blockhütten, galt es doch zunächst – wie bei manch anderer Klostergründung auch –, in dem waldreichen Gebiet die notwendigen Rodungen vorzunehmen. So entstand auch die Bezeichnung des neuen Ortes: Schlägl. In früheren Jahrhunderten wurden parallel dazu auch Bezeichnungen wie Frauenschlag oder Sankt Marienschlag verwendet, welche außer auf die Rodungstätigkeit auch noch auf das Patrozinium der Kirche (Mariä Himmelfahrt) hinweisen.
1235 versprach Herzog Otto in einem Freibrief, daß jeder, »wer da chumt und da sizzen wil und reuten, der soll von uns und unseren pruedern freiung haben zwelf ganzen jar«. Die Rodungstätigkeit und die Anlage der dörflichen Siedlung war um 1500 schließlich beendet.
Die frühesten Schenkungen an das Kloster kamen von den Witigonen auf Falkenstein, der Familie des Gründers. Dazu kamen im 14. Jahrhundert erhebliche Schenkungen durch die Familie der Rosenberger, mit Abstand die bedeutendste Familie ganz Südböhmens mit Sitz auf Schloß Krumau (heute Český Krumlov, ČSFR) am Oberlauf der Moldau, nur wenige Kilometer von Schlägl entfernt. Das riesige Herrschaftsgebiet der Rosenberger ging 1719 ebenso wie Schloß Krumau an die Fürsten Schwarzenberg über.
All diese Elemente, die für die Frühzeit Schlägls bestimmend waren, finden sich auch im Wappen des Klosters wieder: der Falke aus dem Wappen des Gründers, zwei Schlegel als Symbol der Rodung, die berühmte Rose der Rosenberger und schließlich eine Darstellung Mariens mit dem Kinde als Hinweis auf die Patronin von Kirche und Kloster.
Das Kloster war zunächst als Propstei errichtet worden; erst 1489 erhielt Propst Johannes III. von Papst Innozenz VIII. für sich und seine Nachfolger das Recht der Pontifikalien. Von nun an durften also die Vorsteher des Klosters Bischofsstab und Mitra als Zeichen ihrer Würde benützen.

Vorhergehende Seite: Blick in den Stiftshof.
Rechts: Blick in die zwischen 1829 und 1852 entstandene Bibliothek.

Die eigentliche Baugeschichte des Klosters beginnt mit dem Jahr 1264, für das die Weihe der einschiffigen romanischen Klosterkirche angenommen wird.
Die erste große Gefahr für Schlägl bildeten die Hussitenkriege des 15. Jahrhunderts, die es jedoch, den spärlichen mittelalterlichen Quellen zufolge, heil überstanden haben dürfte. Jedenfalls hatte der Abt von Goldenkron (heute Zlatá Koruna, ČSFR), einem einst bedeutenden, von König Přemysl Ottokar II. – dessen Glück und Ende Grillparzer für alle Zeiten festgehalten hat – gegründeten Zisterzienserkloster unweit Krumau, 1428 seine Habseligkeiten in Schlägl in Sicherheit gebracht, von wo sie auch unversehrt wieder zurückkehrten.
Zum bedeutendsten Bauherrn Schlägls im Mittelalter entwickelte sich Propst Andreas Rieder, der die Kirche baulich in jene Form brachte, die sie im wesentlichen noch heute bietet, sowie die Klostergebäude erneuerte und vergrößerte. Er stand zwischen 1444 und 1481 dem Kloster vor.
Die schwerste Bedrohung bildeten in der Folge die Glaubenskriege des 16. Jahrhunderts, die sich vor allem in einem tiefen wirtschaftlichen und geistigen Verfall des Stiftes niederschlugen. So kam auch die Bautätigkeit vorübergehend zum Erliegen. Erst Anfang des 17. Jahrhunderts wurde unter Propst Crispin Fuck ein längst notwendig gewordener Neubau des Klosters ausgeführt. Fucks Nachfolger Wilhelm Capreolus (latinisierte Form für Böck) schritt indes an die Barockisierung der Kirche.
Einen schweren Schlag erlitt das Kloster 1626, als es im Zuge des 3. Bauernkrieges von Aufständischen in Brand gesteckt wurde. In eben diesem Jahr wurde Martin Greysing als Propst eingesetzt. Er sollte einer der bedeutendsten Vorsteher des Klosters werden und entfaltete in seiner langen Amtszeit (1627–1665) eine reiche Bautätigkeit, die vor allem in einer Erweiterung der Stiftsgebäude, einer Vereinheitlichung der Wirtschaftsgebäude

Links: Intarsie über dem Eingang zur Bibliothek: »Adolf erbaute sie zum Nutzen und zur Zierde Schlägls. Dominik stattete sie, unglücklicheren Zeiten zum Trotz, mit Schränken aus.«
Rechts: Die Bildergalerie.

und einer wesentlichen Neugestaltung des Kircheninneren bestand. In Anerkennung der Verdienste dieses Propstes erhob das Generalkapitel der Prämonstratenser 1657 Schlägl schließlich zur Abtei.
In den folgenden zweihundert Jahren verwüsteten gleich fünf große Brände das Kloster: 1702 – dabei wurde auch der prächtige Renaissance-Hochaltar der Brüder Waldburger aus dem Jahr 1624 ein Raub der Flammen –, 1739, 1801, 1830 und 1850. Die baulichen Veränderungen nach den Bränden waren jeweils bescheiden, man beschränkte sich im wesentlichen auf die Wiederherstellung der Gebäude; dies ganz im Gegensatz zu manch anderen österreichischen Stiften, die gerade in dieser Zeit und oft genug aus gleichem Anlaß ihr hochbarockes Aussehen erhielten. Die einzige wesentliche bauliche Veränderung in Schlägl fällt in die Ägide

des Abtes Adolf Fähtz, der 1830 die heutige Bibliothek und anschließend an diese eine erste Bildergalerie errichten ließ. Der letzte Brand von 1850 vernichtete – so wie alle zuvor erwähnten Brände – nochmals alle Dächer mit Ausnahme der neubarocken Turmkuppel, die unter Abt Dominik Lebschy 1840 errichtet worden war. Das damals als Provisorium rasch installierte Dach blieb bis heute erhalten. Nachdem das Stift 1941 als »staatsfeindliches Eigentum« enteignet und nach 1945 durch russische Truppen besetzt worden war, wurden seit 1953 zahlreiche Instandsetzungen und Adaptierungen durchgeführt. Vor wenigen Jahren wurde das Stift nach denkmalpflegerischen Gesichtspunkten generalrenoviert.

Die Gesamtanlage betritt man durch ein Portal aus der Spätrenaissance. Die Inschrift über diesem weist bereits auf den so bedeutenden Propst und späteren Abt Martin

Greysing: »Dieses im Jahre 1626 nach Christus im Aufstand der Häretiker zerstörte Kloster erbaute wiederum und vergrößerte zu Gottes, des Höchsten, und der Heiligen größeren Ehre um diesen Bau, Martin Greysing, Propst dieses Hauses, im Jahre des Herrn 1636.«
Das nun auf der linken Seite des Hofes sichtbare *Kirchenportal* bildet bereits eine der Kostbarkeiten Schlägls. Es ist ein Werk des Johann Spaz aus Linz und wurde 1654 vollendet. Unter der prächtigen Marienstatue findet sich eine lateinische Inschrift, die die Mutter Gottes als Beschützerin der Schlägler ausweist. Die auffälligste Besonderheit der Stiftskirche ist die mächtige Stufenanlage, die zum Chor emporführt. Sie ist bedingt durch die darunterliegende Krypta. Am Ende der Treppen befindet sich ein kunstvolles Chorgitter aus dem Jahr 1635 von Hans Walz aus Kremsmünster, anstelle des mittelalterlichen Lettners, der den Raum in zwei Teile, die Konventskirche und die Volkskirche, trennte.

Links: »Porträtengalerie« zwischen Bibliothek und Bildergalerie – eine »Ahnengalerie« der Äbte von Schlägl.
Rechts: Massiver barocker Sakristeischrank mit Paramenten. Links die sogenannten Almutien, Fellumhänge für das Chorgebet während der kalten Jahreszeit.

Das sehr frühe Entstehungsdatum der Stuckdekoration in der Kirche (um 1620) ist sicherlich mitverantwortlich dafür, daß nicht versucht wurde, den gotischen Charakter des Kirchenraumes zu überdecken oder gar zu zerstören. Aus dieser Zeit, nämlich von 1635, stammt auch die große Orgel, die in mancher Hinsicht bemerkenswert ist: Das Instrument, ein Werk des Passauer Orgelbaumeisters Andreas Putz, ist in seiner klanglichen Grundkonzeption, die weitgehend erhalten blieb, noch in der Renaissance verwurzelt und zählt zu den bedeutendsten Orgeln des 17. Jahrhunderts im Alpenraum. Der *Hochaltar* hingegen ist ein Werk des Hochbarock, entstanden um das Jahr 1728. Das ursprünglich barocke Altarblatt wurde 1845 durch ein Werk August Palmes ersetzt. Erst 1954 wurde die Chororgel eingebaut, deren Gehäuse die barocken Formen in idealer Weise aufnimmt.

Links: Blick vom Mönchschor zur Orgel.
Rechts: Das Chorgestühl wurde 1735 von Abt Johannes Wöss in Auftrag gegeben.

Auffallend prächtig gestaltet ist das *Chorgestühl.* Es wurde 1735 von Abt Johannes Wöss in Auftrag gegeben und ist eine Schöpfung des Rohrbacher Tischlers Hans Georg Stempel. In der Nähe des Volksaltares (am ersten Absatz der mächtigen Treppe) finden sich drei bemerkenswerte Gedenksteine. Zwei davon ließ der bereits mehrfach erwähnte Abt Martin Greysing für zwei seiner Vorgänger errichten, die sich jeweils besondere Verdienste um das Stift erworben hatten: Wenzeslaus Zypser (Propst von 1589 bis 1609) und Wilhelm Capreolus (1622–1626), der unmittelbare Vorgänger Greysings. Der dritte Gedenkstein gilt der Erinnerung an den Stifter und seine Gemahlin: »Im Jahre des Herrn 1238, am letzten Tag des Monats September, starb Kalhoch von Falkenstein, der Gründer dieses Klosters. Im Jahre des Herrn 1225, am 30. Juli, verschied Elisabeth, die Gattin des Kalhoch, Gründerin dieses Klosters.« Der Stein stammt aus dem 15. Jahrhundert, die genaue Grablege des Stifterpaares ist in Vergessenheit geraten.

In der Mitte des zweiten Stiegenabsatzes befand sich einst der Abgang zur *Konventgruft,* die von ca. 1630 bis 1782 in Gebrauch war. Danach wurde bei der Maria-Anger-Kirche, die sich direkt gegenüber dem Klosterportal befindet, ein Konventfriedhof eingerichtet; die Kirche wurde damals im Zuge der josefinischen Reformen dekonsekriert. Daher ruhen auf diesem Friedhof auch drei Äbte. Nach der Wiedereröffnung der Maria-Anger-Kirche wurden deren Nachfolger innerhalb dieser Kirche beigesetzt.
In der *Priestersakristei,* die man von der Klosterkirche her zuerst betritt, fällt ein riesiger Paramentenschrank von ca. 1630 auf, ein Werk des Ulrich Koch, Tischlermeister in Aigen. An die Priestersakristei schließt die *Prälatensakristei* an, ebenfalls mit Paramentenschränken von Ulrich Koch. An historischen Kirchengeräten blieb in Schlägl fast

Links: Kirchenportal mit der Madonna als Beschützerin Schlägls, ein Werk von Johann Baptist Spaz aus dem Jahr 1654. Rechts: Das prächtige geschnitzte Chorgestühl ist ein Werk des Tischlers Hans Georg Stempel (1753).

nichts erhalten. Das mittelalterliche Kirchensilber fiel der großen Ablieferung zur Finanzierung der Türkenabwehr von 1526 zum Opfer, die barocken Kirchengeräte den Ablieferungen der Jahre 1704 bis 1809.

Von den erhaltenen historischen Paramenten ist vielleicht der sogenannte Doxan-Ornat von besonderem Interesse, ist er doch einer von vielen Beweisen für die intensive Verbindung Schlägls mit den böhmischen Ländern. Dieser Ornat wurde zwischen 1746 und 1748 im Prämonstratenser-Frauenstift Doxan (heute Doksany) in Nordböhmen angefertigt. Doxan – wenige Kilometer von Leitmeritz (heute Litoměřice entfernt – wurde bereits 1144 gegründet; der heutige barocke Klosterbau ist ein Werk Kilian Ignaz Dientzenhofers.

»Adolf erbaute (diese Bibliothek) zum Nutzen und zur Zierde Schlägls. Dominik stattete sie, unglücklicheren Zeiten zum Trotz, mit Schränken aus.« Diese intarsierte Inschrift über dem Eingang zur *Bibliothek* ergibt zusammen mit den Chronogrammen 1829 und 1852 die Baugeschichte dieses Raumes. Die Einrichtung der Bibliothek ist ein Werk des damaligen Stiftstischlers Anton Simmel. Faszinierend ist nicht nur die architektonische Schönheit des Raumes,

sondern auch der Bestand der Bibliothek: Sie enthält zahlreiche mittelalterliche Handschriften, viele davon aus der eigenen Schreibstube des Klosters, eine Reihe von Inkunabeln – allen voran einen Teil der »Summa Theologica« des Thomas von Aquin (Straßburg, 1463) und das älteste gedruckte Missale des Prämonstratenserordens (1482) – sowie Werke Martin Luthers und des Erasmus von Rotterdam. Der Gesamtumfang beträgt ca. 70.000 Bände.
An die Bibliothek schließt die überaus bemerkenswerte *Bildergalerie* an. Die Erwerbungen erfolgten erst spät, in der ersten Hälfte des 19. Jahrhunderts, als die mehrfach erwähnten, lange andauernden wirtschaftlichen Schwierigkeiten Schlägls überwunden waren. Die Galerie enthält u. a. Werke von Johann Martin Schmidt (Kremser Schmidt), Maulpertsch, Bernardino Luini, Correggio und Veronese. Auch die niederländische Schule ist vertreten, ebenso Moritz von Schwind und August Palme (der auch das Gemälde des Hochaltars geschaffen hat) als Repräsentanten des 19. Jahrhunderts.
Die vier überlebensgroßen Heiligenfiguren (Maria, der Erzengel Gabriel, die Bischöfe Augustinus und Norbert), die heute in der Bildergalerie stehen, befanden sich ursprünglich in der Kirche, wurden von dort aber schon im 18. Jahrhundert entfernt.
Die Verbindung zwischen der Bibliothek und der Gemäldegalerie bildet der sogenannte *Porträtensaal.* Diese Sammlung der Abtporträts wurde ebenfalls am Anfang des 19. Jahrhunderts begonnen.
Stift Schlägl ist heute das bedeutendste Wirtschaftsunternehmen des Mühlviertels, dessen Grundlage die Forstwirtschaft bildet. Daneben werden eine Brauerei, Restaurants und Schilifte betrieben. Neben der wichtigsten Aufgabe, der Seelsorge (zwölf inkorporierte Pfarren), entfaltet das Stift, dem derzeit fünfzig Konventualen angehören, eine reiche kulturelle Tätigkeit: Einerseits wird ein Bildungshaus betrieben, andererseits findet eine weit über den üblichen Rahmen hinausgehende Musikpflege (Orgelkonzerte, Kammerkonzerte, Schlägler Musikseminare, Kirchenmusik) breite Anerkennung.

Geras

Die Geschichte des Prämonstratenser-Stiftes Geras ist aufs engste mit jener des Tochterklosters Pernegg verknüpft. Ganz allgemein war es eine Besonderheit des Prämonstratenserordens, Doppelklöster zu gründen, »zum gemeinsamen Lob Gottes durch Männer und Frauen«. Waren die Frauenkonvente und die Männerkonvente in der Frühzeit des Ordens noch im gleichen Haus untergebracht, so wurde schon sehr bald beschlossen, die Chorfrauen jeweils in einem eigenen, oft räumlich beträchtlich entfernten Frauenkloster unterzubringen. Dies trifft auch auf das rund 12 Kilometer von Geras entfernte Pernegg zu.

Die Doppelstiftung Geras-Pernegg war eine Idee des Ulrich von Pernegg, die sein Sohn gleichen Namens dann in die Tat umsetzte. Als Jahr der Gründung gilt allgemein 1153. Die Stiftungsurkunde der Pernegger ging nämlich bereits innerhalb der ersten hundert Jahre nach der Gründung verloren. So stellte Herzog Friedrich II., der Streitbare, 1240 einen Schutzbrief aus, der den Stiftungsbrief ersetzte.

Besiedelt wurde Geras-Pernegg vom Doppelkloster Selau-Launewic in Böhmen, welches wiederum eine neue Gründung des deutschen Doppelklosters Steinfeld-Dünewald war. Der erste Propst von Geras war Mandevin, der 1160 starb. Als Geras 1180 zur selbständigen Abtei erhoben wurde, behielt sich der damalige Abt von Selau, Gottschalk, den Titel eines »Vaterabtes« von Geras vor, der sich bis heute erhalten hat.

1149 wurde die Klosterkirche in Geras geweiht, eine turmlose romanische Basilika, an die die »Quadratur«, der quadratische Kreuzgang mit den Zellen, anschloß. All dies war – den strengen Ordenssatzungen entsprechend – ganz schmucklos. Auf der anderen Seite der Kirche schloß der Frauenflügel mit einer ebensolchen Quadratur an. Wie Zwettl, Schlägl oder Altenburg auch, lag Geras an der unsicheren Nordgrenze; immer wieder prallten hier die Interessen slawischer und deutscher Siedler hart aufeinander. So drangen etwa 1176 die Slawen bis an die Donau vor und verwüsteten in einem Krieg, dem auch Herzog Heinrich zum Opfer fiel, ganze Landstriche, unter anderem die Gegend um Geras; der erste Klosterbau wurde dabei stark beschädigt. Um 1180 anerkannte das Generalkapitel der Prämonstratenser die

Vorhergehende Seite: Ansicht des Stiftes vom großen Stiftshof aus.
Rechts: Allegorische Figur der Liebe an der linken Seite des Hauptportals.

Neugründung und erhob Geras zur Abtei. Der erste Abt, Paul, bemühte sich sogleich auch um die Anerkennung durch den Passauer Diözesanbischof, die jedoch erst sein Nachfolger Dietmar erreichen konnte. (Die entsprechende Urkunde von 1188 ist das älteste Dokument, in dem Geras erwähnt wird.) Den Grund dieser Bemühungen bildeten die Bestrebungen der Klöster, sich sukzessive aus Abhängigkeiten zu befreien und in jeder Hinsicht selbständig zu sein. Geras war zunächst Hauskloster der Grafen von Pernegg, der Gründerfamilie, dann Eigenkloster der Passauer Bischöfe und erhielt schließlich mit dem ganzen Orden seine Exemption (Unabhängigkeit) durch Papst Clemens V. im Jahr 1310.
1230 war Friedrich, der letzte Babenberger – er fiel 1246 in der Schlacht an der Leitha – abermals in

Links: Sockel der Marienstatue vor der Stiftskirche mit der Jahreszahl 1653.
Rechts: Außenfassade des Marmorsaales über der Torhalle.

Kämpfe mit Böhmen verstrickt. Im Zuge dieser Kriegshandlungen sank das schwer beschädigte Geraser Kloster in Schutt und Asche, wurde aber 1240 durch den bereits erwähnten Schutzbrief Friedrichs erneut bestätigt.

Noch zweimal wurde Geras völlig verwüstet: zuerst 1278 in der Auseinandersetzung zwischen Přemysl Ottokar und Rudolf von Habsburg, dann in der ersten Hälfte des 15. Jahrhunderts. Die Bedrohungen dieser Zeit begannen mit dem Streit zwischen den Habsburger Herzögen Leopold und Ernst, der auch mit kriegerischen Mitteln ausgetragen wurde, und setzte sich mit den Hussitenkriegen fort. Von diesen waren naturgemäß die Grenzregionen zwischen Böhmen und Österreich besonders betroffen; 1427 etwa wurde der Pfarrer von Langau öffentlich verbrannt.

Der Konvent von Geras war zu dieser Zeit auf einem personellen Tiefpunkt angelangt. So wurde 1489 erstmals ein fremder Kapitular als Abt nach Geras berufen: Wenzel aus dem Kloster Bruck bei Znaim. Im folgenden Jahrhundert hatte

Geras mit dem eindringenden Protestantismus zu kämpfen, mehr als andere Klöster, da das Waldviertel eine Hochburg des Protestantismus geworden war. Nicht unmittelbare Kriegshandlungen bildeten nun das größte Problem für die Substanz des Klosters, sondern das Abfallen der Priester – zunächst der Weltpriester, die sich häufig verheirateten oder eheähnliche Gemeinschaften eingingen und sich offen zum Protestantismus bekannten, bald darauf auch der Ordenspriester, die nicht selten diesem Beispiel folgten. Die Sakramente wurden damals bis auf die Taufe reduziert, der Meßritus geändert. Zum erstenmal – zum zweiten-

Links: Blick von der puttigeschmückten Orgelempore in den Kirchenraum. Rechts: Die Wände des achtjochigen Mittelschiffs der Stiftskirche wurden in außergewöhnlicher Weise gestaltet. Die Fenster des dahinterliegenden Klosterraumes (linkes Seitenschiff, Emporengang über dem rechten Seitenschiff) wurden umrahmt und mit Brüstungen versehen, dazwischen sind ovale Apostelbilder angebracht.

mal nach den josefinischen Reformen – wurde das feierliche Chorgebet nicht oder nur in stark reduzierter Form gehalten; damit aber war die – im doppelten Sinn – vornehmste Aufgabe der meisten klösterlichen Gemeinschaften betroffen.

Zu diesen Problemen kam noch, daß 1529 zur Finanzierung des Türkenkrieges generell ein Viertel aller Klostergüter vom Staat eingezogen wurde. 1563 traf in Geras eine Kommission ein, die den damaligen Abt, der weder Chorherr in Geras noch überhaupt Prämonstratenser war, vor allem aber einen dem schon Geschilderten entsprechenden

Lebenswandel führte, absetzte. In der folgenden Zeit bemühten sich sowohl die Äbte als auch die vorgesetzten kirchlichen Behörden – diese bereits im Zuge der ja auch stark politisch orientierten Gegenreformation –, die ursprüngliche Ordnung wiederherzustellen.

In Pernegg lebte seit 1547 nur noch eine einzige Nonne, die 1585 schließlich starb. Damit hatte sich das Frauenkloster Pernegg aufgelöst. 1585 wurde Pernegg mit Chorherren besiedelt. Dieses Männerkloster wurde nun mehr und mehr von Geras unabhängig (offiziell 1700 mit der Erhebung zur Abtei), nachdem sowohl zu Zeiten des Frauenklosters, mehr aber noch zu Zeiten des Chorherrenklosters immer wieder heftige Streitigkeiten mit Geras, das Pernegg administrativ vorgesetzt war, vorangegangen waren.
1620, während des Dreißigjährigen Krieges, wurde Geras geplündert und schließlich eingeäschert. Das Stift war restlos zerstört, die kostbare Bibliothek unwiederbringlich verloren. Das Kloster lag mehrere Jahre verlassen. 1625 kamen fünf der Patres zurück und fanden bei den Aufräumungsarbeiten die Muttergottesstatue vom Hochaltar völlig unversehrt vor. 1630 begann wieder ein regelmäßiges Klosterleben, 1633 wurde unter Abt Herkardt begonnen, ein neues, größeres Kloster zu bauen. Doch schon 1643 brannten die mühsam neu errichteten Gebäude neuerlich ab, wobei abermals die erwähnte Marienstatue unversehrt blieb.
Das Kloster wurde nochmals neu erbaut, die Kirche, die bei dem Brand nicht völlig zerstört worden war, fertiggestellt. Unter mehreren sehr tüchtigen Äbten entwickelte sich Geras nun wirtschaftlich und spirituell sehr günstig, zu der zwei-

Links: Detail aus dem Marmorsaal. Über den blinden Kaminen Aufsatzbilder von Paul Troger.
Rechts: Vergoldete Holzschnitzerei über dem Kamin an der östlichen Längsseite des Marmorsaales. Die Szene zeigt Abraham, der Isaak opfern will.

mal unversehrt gebliebenen Madonnenstatue setzte eine rege Wallfahrt ein.
Das 18. Jahrhundert war auch in Geras die Zeit der Barockisierung von Kirche und Kloster.
1783 wurde Pernegg aufgehoben. Geras konnte weiterbestehen, doch brachte die vorgeschriebene Überbetonung der seelsorglichen Aufgaben manche Probleme mit sich und drängte den ursprünglichen Zweck der Stiftung in den Hintergrund. Der große Einfluß des Staates wird auch dadurch deutlich, daß Geras 1786 ein Kommendatarabt aufgezwungen wurde; erst 1790, unter Leopold II., wurde wieder ein Regu-

larabt, also ein vom Kapitel gewählter Abt, zugestanden. In dieser Zeit war auch der Ordensverband der Prämonstratenser aufgehoben und wurde erst 1804 wieder zugelassen. Mittlerweile waren in Deutschland alle Prämonstratenserstifte der Säkularisation zum Opfer gefallen.

Noch in der gesamten ersten Hälfte des 19. Jahrhunderts waren Geistliche nicht zur Verwaltung der klostereigenen Güter zugelassen. In Geras verweltlichte das Ordensleben immer mehr; außerdem hatten sich – auch durch Betrug von Angestellten – große Schulden angehäuft, so daß 1840 dem Stift Geras keine Abtwahl zugebilligt wurde. Erst 1852 konnte das Kapitel wieder einen Abt wählen, der, wie seine Nachfolger auch, bemüht war, die verlorengegangene Klosterdisziplin wiederherzustellen.

1940 wurde das Kloster beschlagnahmt und diente bis 1945 als Umsiedlerlager. Ab etwa 1960 wurden die Gebäude saniert, schließlich restauriert und schrittweise auch

Links: Detail aus dem Deckenfresko des Marmorsaales. Das Werk Paul Trogers aus dem Jahr 1738 hat die »Wunderbare Brotvermehrung« zum Inhalt.
Rechts: Hauptportal mit allegorischen Figuren: Liebe und Hoffnung, Werke Jakob Schletterers.

Nebengebäude für die Freizeitkurse, für die Geras heute so bekannt ist, adaptiert.
Pernegg wurde nach der Aufhebung von 1783 nicht wiederbesiedelt und verfiel zusehends. Um 1850 wurden die baufälligen Teile abgetragen, die verbliebenen Bauteile Anfang des 20. Jahrhunderts zwar noch einmal instand gesetzt, sie verfielen jedoch weiter, da sich keine Verwendung für die Gebäude finden ließ. Sie dienen heute als Jugendherberge. Geblieben ist vom Pernegger Kloster somit im wesentlichen nur die Klosterkirche, die in ihrer heutigen Form aus der Zeit um 1500 stammt und vor allem im 17. Jahrhundert verändert und ausgeschmückt wurde.

Die *Klosterkirche* von Geras hingegen, die 1953 zur »basilica minor« erhoben wurde, ist ein im Kern noch romanischer, um 1400 gotisierter Bau mit hohem Mittelschiff

und zwei sehr niedrigen Seitenschiffen. Die Kirche wurde in der zweiten Hälfte des 18. Jahrhunderts umfassend barockisiert. Die reiche Stuckmarmorierung stammt von Franz Hennevogel, das Deckenfresko ist ein Werk von Franz Zoller, einem Schüler Trogers. Dargestellt sind die Lauretanische Litanei und die Aufnahme Mariens in den Himmel mit Hinweisen auf ihre unbefleckte Empfängnis und auf ihre Mutterschaft (der Weihetitel der Kirche ist Mariä Geburt).
Zwei der Seitenaltäre weisen Altarblätter von Bartolomeo Altomonte auf, ein weiterer ein Gemälde von Franz Anton Maulpertsch (Altar Johannes des Täufers). In den Hochaltar ist die bereits mehrfach erwähnte Gnadenstatue integriert. Das achtjochige Kirchenschiff hat trotz der prächtigen Rokoko-Verkleidung vieles von seinem ursprünglichen romanischen beziehungsweise gotischen Charakters beibehalten. Um 1645 wurde die Spitztonne aus einem gotischen Gewölbe aus der Zeit um 1400

umgebildet. Die Gliederung durch Gurte entstand nach Entfernung der gotischen Rippen. Die Wände des Hochschiffes sind in herausragender Weise gestaltet: Durch den hinter dem linken Seitenschiff liegenden Klosterraum einerseits und durch den Emporengang über dem rechten Seitenschiff entstanden zwei Fensterreihen, deren einzelne Fenster aufwendig umrahmt und mit Brüstungen und Bedachungen versehen sind. Dadurch ergibt sich der Eindruck einer Häuserwand, die den Gedanken, die Kirche sei das Haus Gottes, eigenwillige Gestalt gewinnen läßt. Zwischen die derart gestalteten Fensteröffnungen wurden hochovale Bilder mit Darstellungen der Apostel harmonisch eingefügt.

Das reichintarsierte Chorgestühl stammt von etwa 1735. Aus dieser Zeit (1732) stammt auch die reichverzierte große Orgel.
In der Mitte des Kirchenvorhofs befindet sich eine anläßlich des Abschlusses des Kirchenneubaus errichtete und mit 15. August 1653 datierte Mariensäule. Auf der der Kirche zugewendeten Sockelfläche ist eine Inschrift in lateinischer Sprache angebracht: »HAS AEDES CUM PROLE DEFENDE MARIA/FULGUR NE NOCEAT NE VORET IGNIS EAS« – »Dieses Haus beschirme mit deinem lieben Kind, o Maria, daß kein Blitz ihm schade und kein Feuer es verzehre.«
Die *Stiftsgebäude* wurden zwischen 1736 und 1740 von Josef Munggenast unter teilweiser Verwendung noch brauchbarer älterer Bauteile errichtet. Das Haupttor der eindrucksvollen Schaufassade wird von

Links: Allegorische Darstellung der Eucharistie über dem Hauptportal.
Rechts: Gemälde mit einer historischen Ansicht von Geras (an der Feststiege).

den allegorischen Figuren der Hoffnung und der Liebe flankiert. Über den niedrigen Seiteneingängen befinden sich in Ovalfenstern zwei große steinerne Vasen. Über dieser Torhalle liegt das auch als Marmorsaal bezeichnete ehemalige *Sommerrefektorium.* Die Decke dieses heute für Konzerte und Theateraufführungen genützten Saales schmückt das große Fresko »Die wunderbare Brotvermehrung« von Paul Troger, 1738 entstanden. Auch die beiden Aufsatzbilder über den blinden Kaminen an zwei Seiten des Raumes, die die Hochzeit zu Kana und das Gastmahl des Pharisäers zum Inhalt haben, stammen von dem aus Südtirol gebürtigen Meister.
In der *Prälatur* befinden sich mehrere Repräsentationsräume, deren wertvollste das »Pauli-Zimmer« und das »Weiße Zimmer« sind. Das *»Pauli-Zimmer«* erhält seinen Namen von den großformatigen Ölgemälden, die Teil der Wandverkleidung sind und Szenen aus dem

Leben des heiligen Paulus darstellen. Ausgeführt hat sie, wie schon das Deckenfresko der Kirche, ein Schüler Paul Trogers, in diesem Fall Johann Nepomuk Steiner. Das anschließende »*Weiße Zimmer*« ist zur Gänze weiß stuckiert, mit nur stellenweise zarten farbigen Akzenten. Der Stuck ist besonders durch sein Programm interessant: Festgehalten ist der Sieg über die Türken nach der zweiten Wiener Türkenbelagerung, wobei in allegorischen Figuren Leopold I., König Johann Sobieski, Kara Mustafa und Sultan Soliman dargestellt sind. Die Stuckdekoration ist zwei Jahre nach dem angesprochenen Sieg, nämlich 1685, entstanden. In diesem Zimmer befindet sich außerdem ein Gemälde Daniel Grans (der heilige Nikolaus).

Die *Bibliothek* hat einen zahlenmäßig vergleichsweise geringen Bestand, nicht zuletzt aufgrund des völligen Verlustes im Jahr 1620, weist aber immerhin Manuskripte des 14. bis 16. Jahrhunderts sowie 66 Inkunabeln auf. Das Deckenfresko der nicht zugänglichen Bibliothek stammt von Josef Winterhalter aus dem Jahr 1805.

Links: Die von Stift Geras veranstalteten Hobbykurse finden breites Interesse.
Rechts: Blick vom großen Stiftshof auf die äußere Begrenzungsmauer der Klosteranlage.

Der große Stiftshof geht, nur durch eine Balustrade von diesem getrennt, in den Stiftsgarten über. Dahinter liegt das sogenannte *Neugebäude,* ein barocker Nebentrakt, der früher die schon 1410 genannte, heute nicht mehr existierende Sängerknabenschule beherbergte und kürzlich für die »Geraser Hobbykurse« adaptiert wurde; dieses Angebot an kreativer Nutzung der Freizeit hat große Resonanz gefunden. Dafür wurde auch der ehemalige Meierhof herangezogen. Der alte *Schüttkasten,* der sich in der sogenannten Vorstadt, einige hundert Meter vom Stift entfernt, befindet, wurde zu einem Hotel mit angeschlossenem Restaurant umgestaltet.

Dennoch stellt die Forstwirtschaft die hauptsächliche wirtschaftliche Grundlage des Stiftes dar. Der Konvent von Geras umfaßt derzeit 33 Mitglieder, von denen zwanzig Priester sind; siebzehn Pfarren sind zu betreuen.

Engelszell

Der Wunsch, auf einer beschwerlichen Reise in unsicherer Zeit eine geeignete und vor allem sichere Herberge zu haben – auch das kann der Grund für eine Klostergründung sein. »Cella angelica«, die Engelszelle, wurde 1293 in dem damals schon seit mindestens hundert Jahren bestehenden Ort Engelhartszell von Wernhart von Prambach, dem Fürstbischof von Passau, als Zisterzienserstift begründet. Die Diözese des Passauer Bischofs reichte damals über Linz bis Wien, das erst 1469 eine eigene Diözese erhielt. Häufig waren daher die Reisen des Bischofs donauabwärts, zudem war das obere Donautal zu dieser Zeit eine einsame und sehr unsichere Gegend. Eine sichere Unterkunft sollte das neue Kloster bieten, aber nicht nur dem Bischof, sondern auch Pilgern und müden Wanderern Herberge geben; und nicht zuletzt konnten sich die Passauer Domherren hier in den Sommermonaten erholen. Zwölf Mönche aus Wilhering besiedelten das Stift, das sich in der Folge rund zweihundert Jahre lang gut entfalten konnte. 1571 jedoch rottete die Pest den gesamten Konvent aus, und in dieser Zeit der Reformation war an eine rasche Wiederherstellung nicht zu denken, im Gegenteil; 1577 löste sich der Konvent ganz auf. Engelszell stand nun unter weltlicher Verwaltung. Erst fünfzig Jahre später gelang es dem Mutterkloster Wilhering, Stift Engelszell zurückzuerhalten. 1699 zerstörte ein Brand Kloster und Kirche, danach wurde das Stift der großen Schulden wegen von Wilhering aus verwaltet. Die nun folgende Blütezeit von Engelszell dauerte nur vierzig Jahre. Unter Abt Leopold Reichl wurde 1764 nach zehnjähriger Bauzeit die neue Kirche durch den Passauer Fürstbischof Leopold Graf Firmian eingeweiht. Im Todesjahr dieses Abtes, 1786, wurde Engelszell im Zuge der josefinischen Reformen aufgehoben. Die Einrichtung wurde verkauft, das Archiv vernichtet, und die Bestände der Bibliothek kamen nach Linz und Wien. Bis 1810 dienten die Klostergebäude als Produktionsstätte einer Porzellanmanufaktur, danach, unter Napoleon I., gingen sie an Feldmarschall Fürst Wrede und von diesem 1868 an die Grafen Pachta.
Erst 1925 begann erneut klösterliches Leben in Engelszell, als die Trappisten vom Kloster Ölenberg im Elsaß hier einzogen. Die politischen Verhältnisse brachten bald die zweite Aufhebung des Klosters mit sich: 1939 – der Konvent zählte damals 39 Personen – wurde

Vorhergehende Seite: Blick auf die Stiftskirche vom Konventgarten aus. Rechts: Das Chorgestühl mit aufgeschlagenem Missale.

Engelszell von den Nationalsozialisten aufgehoben. In den folgenden Jahren bis 1945 litten die Gebäude durch Plünderungen und ähnliche kriegsbedingte Ereignisse. 1945 kehrten die verbliebenen Mönche zurück. Dazu kamen deutschsprachige Trappisten aus dem Kloster Mariastern in Bosnien, das durch die neuen kommunistischen Machthaber aufgehoben worden war.

Die *Stiftskirche* mit dem Patrozinium Mariä Himmelfahrt ist ein Rokokobau von bescheidenen und doch eleganten Dimensionen, dessen Architekt unbekannt ist. Im Vorraum der Kirche befinden sich einige bemerkenswerte Grabplatten. Der Innenraum war einst zur Gänze

mit Fresken von Bartolomeo Altomonte geschmückt. Heute sind diese nur noch am Gewölbe des Chores (»Krönung Mariens«) und des Vorchores vorhanden, da aufgrund von Bauschäden 1838 bis 1839 das Langhaus neu eingewölbt werden mußte. Dabei sind Altomontes Fresken zugrundegegangen. Sie sollen der Überlieferung nach den Engelsturz aus der Apokalypse zum Thema gehabt haben und in den Jahren 1761 bis 1764 entstanden sein.

Die Altarblätter der sechs Seitenaltäre und des Hochaltares sind Werke Altomontes, die interessanten Stuckstatuen, die alle Altäre zieren, stammen von Bildhauern der Wessobrunner Schule unter Leitung von Johann Georg Ueblherr, der auch in Wilhering tätig war und die Kanzel aus dunklem Marmor mit reichem Figurenschmuck hier in

Links: Grabplatte des Eustach und der Dorothea Albrechtsheimer im Vorraum der Kirche.
Rechts: Blick von Westen auf die Kirchenfassade.

Engelszell geschaffen hat. Das Gemälde des Hochaltars ist eine Darstellung der Himmelfahrt Mariens, dem Patrozinium entsprechend; außerdem sind alle Zisterzienserkirchen diesem Mysterium geweiht. Der erste Seitenaltar rechts ist der der heiligen Cäcilia, der Schutzpatronin der Musik. Die beiden Stuckstatuen stellen den heiligen Leopold und den heiligen Georg dar. Unter Abt Leopold II. Reichl war die Kirche erbaut worden, daher die Huldigung für den Namenspatron des Abtes.

Leopold Reichl, gleichzeitig Engelszells letzter Abt vor der Aufhebung, wurde auf dem dritten Nebenaltar rechts sogar porträtiert: Die Türe unter der Statue des heiligen Sebastian weist zwei geschnitzte Figuren auf. Dargestellt sind links Bischof Wernhart von Passau und rechts Abt Leopold II. Reichl, der Erbauer der Kirche.

Das eindrucksvolle barocke *Chorgestühl* ist eine Arbeit des Josef Deutschmann aus Passau. Die Füllungen aus Lindenholz sind mit vergoldeten Reliefs geschmückt. Je ein Orgelgehäuse bekrönt das Chorgestühl. Diese Gehäuse waren leer; erst vor kurzem wurde in eines davon

eine kleine Orgel eingebaut. Im Vorchor befinden sich weiß gefaßte Holzskulpturen der drei Erzengel und des »Angelus custos«, frühe Arbeiten des Wiener Bildhauers Franz Anton Zauner.
Anläßlich der Restaurierung der Kirche in den Jahren 1954 bis 1958 entschloß man sich, anstelle des zerstörten Deckenfreskos Altomontes ein neues anbringen zu lassen und beauftragte damit den oberösterreichischen Künstler Fritz Fröhlich. Sein Werk nimmt den ursprünglichen Gedanken der »Cella angelica« in moderner Formensprache auf: verschiedene Arten von Engeln, die verschiedenen Aufgaben der Engel charakterisierend, sind dargestellt, wobei den Figuren und deren Aufgaben verschiedene Symbolfarben zugeordnet sind. Im Zentrum der Komposition thront die Gottesmutter als Königin des Himmels über den Chören der Engel.
Die *Orgelbrüstung* ist reich mit Stuckplastiken verziert und trägt in der Mitte das Wappen des Abtes Leopold Reichl.
An die Kirche schließt der Kreuzgang an, der einen kleinen Ziergarten umschließt. Von hier gelangen die Mönche zum *Kapitelsaal,* der als einziger Raum der Klosteranlage noch mittelalterliche Züge trägt.

Links: Kartusche zum großen Deckenfresko der Bibliothek. Die Fresken stammen von Bartolomeo Altomonte, den Stuck schuf Kaspar Modler.
Rechts: Blick in die Bibliothek.

Das Kreuzrippengewölbe wird von zwei Säulen mit eingemeißelten Lesepulten getragen, an den Wänden haben sich Reste gotischer Fresken erhalten, die unter anderem auch Bildnisse zweier hier begrabener Äbte des 14. Jahrhunderts beinhalten. Der Kapitelsaal dient nach wie vor seiner ursprünglichen Bestimmung.
An der Südseite des Kreuzganges befindet sich das *Refektorium.* Der zart stuckierte Raum von heiterer Helligkeit ist spartanisch eingerichtet. Nicht Opulenz, sondern monastische Strenge wird hier spürbar. Das große spätgotische Kruzifix an der Stirnseite stammt vom Epitaph des Eustach und der Dorothea Albrechtsheimer – ein Werk des Passauer Meisters Jörg Gartner – in der Vorhalle der Kirche.
Direkt über dem Refektorium liegt die *Bibliothek,* neben der Kirche sicherlich der künstlerisch wertvollste Raum Engelszells. Die völlig

erhaltene Decke ist ein Werk von Bartolomeo Altomonte, der das große Fresko, und des Kaspar Modler, der die reiche Stuckierung schuf. Die Decke ist ohne Restaurierung deshalb so gut erhalten, weil sie lange Zeit durch eine im 19. Jahrhundert eingezogene Zwischendecke geschützt war, die erst in der Zwischenkriegszeit wieder entfernt wurde. Thematisch zeigt das Fresko Allegorien der Wissenschaften: der Geographie und Astronomie, der Heraldik und Numismatik, der Musik und Literatur und schließlich der Physik und Naturgeschichte. Im Mittelfeld findet sich eine Allegorie der göttlichen Weisheit. Die Schränke stammen aus der Zeit nach 1950 und wurden in der Tischlerei des Klosters hergestellt. Etwa die Hälfte der Klostergebäude nimmt heute ein Pflegeheim des Landes Oberösterreich ein. Die wirtschaftliche Basis von Stift Engelszell stellen ferner Grundbesitz, Werkstätten, ein Elektrizitätswerk und nicht zuletzt die Likörherstellung ein.

Die Tradition der Kloster- oder Abteiliköre reicht bis ins Mittelalter zurück. Die Klöster bemühten sich, soweit wie möglich autark zu sein, was in sehr dünn besiedelten, oft erst zu kultivierenden Gegenden, in denen Klostergründungen oft eben zum Zweck der Kultivierung vorgenommen wurden, dringend geboten erschien. Man darf nicht vergessen, daß – nicht immer, aber häufig – Ortschaften erst im Laufe der Zeit um die Klöster herum entstanden und nicht umgekehrt. Aber selbst dort, wo dies nicht zutraf, gab es noch immer den ökonomischen Vorteil der Selbstversorgung.
Die Klöster waren es auch, die als erste Institutionen überhaupt Apotheken einrichteten und auch die dafür nötigen Voraussetzungen besaßen. Traditionell war daher der Klostergarten als Kräutergarten angelegt. Kräuter wurden weniger zur Verfeinerung von Speisen denn als Heilmittel benötigt. So lag es nahe, daraus auch einen magenstärkenden Likör zu bereiten. Dazu benötigte man Kräuter, aber auch bestimmte Wurzeln, Beeren und Samen, die in der Umgebung der

Links: Eine der vergoldeten Füllungen des Chorgestühls, das aus der Werkstatt des Passauer Meisters Josef Deutschmann stammt (Ende 18. Jahrhundert).
Rechts: Das Refektorium, Teil des Mitte des 18. Jahrhunderts erbauten Osttraktes, reflektiert die Strenge des Ordens.

Klöster gesammelt wurden. Bisweilen wurden zur geschmacklichen Abrundung noch orientalische Gewürze herangezogen, die freilich von Händlern zugekauft werden mußten. All diese Ingredienzen, Drogen genannt, enthalten neben den medizinischen Wirkstoffen auch ätherische Öle, die den Wohlgeschmack erzeugen, und Bitterstoffe, die nur bis zu einem gewissen Grad erwünscht sind. Bis zu diesem Grad sind sie verdauungsfördernd, daher ist ein ursprünglicher Klosterlikör auch durch einen recht herben Geschmack gekennzeichnet. Die übermäßige Beigabe von Zucker ist eine Erfindung – oder Unsitte – unserer Zeit.

Klosterliköre sind häufig Destillate (um die Bitterstoffe gering zu halten), manchmal aber auch Mazerate oder eine Kombination aus beidem. Das heißt, die erwünschten Inhaltsstoffe, die Auszüge, werden entweder durch sorgfältige Destillation oder aber durch Übergießen der Drogen mit Alkohol oder einer bestimmten Mischung von Alkohol und Wasser und anschließendes Ruhen (das von einigen Tagen bis zu mehreren Wochen dauern kann) gewonnen.

Bald wurde aus dem Heilmittel auch ein Genußmittel, wie sich allgemein, spätestens im Barock, um die klösterlichen Produkte herum auch eine entsprechende Vermarktungsstruktur entwickelte, die freilich oft genug weit vom klösterlichen Gedanken wegführte. So gab es etwa Klöster, die auf Zubereitung und Verkauf sogenannter Fastenspeisen spezialisiert waren (etwa die Paulaner in Wien, die »Paulanerwürste« feilboten, die statt einer Fleisch- eine Fischfülle hatten). Solche »Fastenspeisen« waren allerdings »normalen Speisen« an Üppigkeit völlig ebenbürtig, daher wurde dieser Sitte oder Unsitte durch die Kirche recht bald Einhalt geboten. Heute können Klosterliköre in zwei Kategorien eingeteilt werden: solche, die zu schalen Industrieprodukten geworden sind, deren klösterliche Herkunft nur noch vom Etikett abgelesen werden kann (etwa der berühmte »Benedictine«), und solche raren Produkte, die in ursprünglicher Art und kleiner Menge

Links: Kopf eines Ebers: Detail von einer Grabplatte im Vorraum der Stiftskirche.
Rechts: Kuppel über dem Chor der Stiftskirche mit Fresken Bartolomeo Altomontes (1761–1764).

hergestellt werden (etwa der Abteilikör aus dem Mechitharistenkloster in Wien). Zur letzteren Gruppe zählen die Engelszeller Kräuterliköre (zwei Sorten), und es ist zu hoffen, daß dies noch lange so bleiben wird.

Der Tag der Trappisten begann bis vor kurzem um 2 Uhr 45; heute um 3 Uhr 45. Der Grund dafür ist, daß bei den Trappisten auch die nächtlichen Abschnitte des heiligen Offiziums zu den ursprünglich festgesetzten Zeiten gehalten werden. Der Tagesablauf endet um 8 Uhr abends mit der allgemeinen Nachtruhe.
Die Hauptaufgabe der Trappisten ist die Kontemplation, in neuerer Zeit allerdings auch die Seelsorge. Der Konvent von Stift Engelszell, das 1990 auch auf einer österreichischen Briefmarke abgebildet wurde, umfaßt derzeit vierzehn Mitglieder.

Weitere Orden in Österreich

Die eingangs beschriebenen großen Orden waren natürlich im Laufe der Jahrhunderte mannigfaltigen Veränderungen ausgesetzt; überdies bildete sich eine Vielzahl von Abspaltungen dieser alten Orden – sogenannte reformierte Orden. Als Beispiel einer solchen Entwicklung möge die bereits skizzierte Linie Benediktiner – Zisterzienser – Trappisten dienen.
Doch formten sich naturgemäß auch gänzlich neue Orden. Diese Entwicklung hält durchaus bis in unsere Zeit an, wenngleich die Zeit der bedeutenden Ordensgründer selbst der neueren Orden einige Jahrhunderte zurückliegt. Diese jüngeren Orden waren wohl noch mehr als die alten dem Wandel der Gesellschaft und der politischen Verhältnisse ausgesetzt.
Im österreichischen Kulturraum kam es durch die Kirchenpolitik Josefs II. neben den bekannten umfangreichen Aufhebungen einzelner Klöster zum Erlöschen ganzer Orden, etwa der Kartäuser, der Paulaner oder der Theatiner. Obwohl bis zur Mitte des 19. Jahrhunderts die josefinischen Reformbestimmungen schrittweise gelockert beziehungsweise aufgehoben wurden, sind diese Orden in Österreich nicht mehr heimisch geworden. Die zweite Zäsur ist sicherlich in der drastischen Verkleinerung des Staatsgebietes nach 1918 zu suchen. Dennoch ist auf dem Gebiet des heutigen Österreich eine erstaunliche Vielfalt geistlicher Orden erhalten geblieben oder wieder entstanden.
Ein Blick in die Ordenslandschaft Österreichs wäre nicht vollständig, ohne die noch nicht ausführlich beschriebenen Orden zumindest schlaglichtartig und ohne jeden Anspruch auf Vollständigkeit in ihrer geschichtlichen Entwicklung und Bedeutung zu erfassen.
Weltweit einer der bedeutendsten Orden ist der Regularkleriker-Orden der ***Jesuiten.*** Sein Begründer, der hl. Ignatius von Loyola, wurde 1491 bei Azpeitia im Baskenland geboren. Seine Erziehung war zunächst durch Rittertum und höfisches Leben geprägt; nach einer schweren Verwundung verschenkte er jedoch seinen Besitz und lebte als Einsiedler. Erst 1524 begann Ignatius das Priesterstudium, das elf Jahre dauern sollte. In der Zeit des Studiums sammelte er jedoch bereits Gleichgesinnte um sich und mußte sich deshalb in insgesamt acht Prozessen vor der Inquisition verantworten. Nach der Priesterweihe 1537 verfaßte Ignatius 1538 die Grundgesetze des neuen Ordens, den er »Gesellschaft Jesu« nannte. Diese Bezeichnung lebt im dem Namen eines Ordensmitgliedes nachgestellten Kürzel SJ (Societas Jesu) fort. 1540 wurde der neue Orden vom Papst anerkannt, ein Jahr darauf Ignatius zum Generaloberen gewählt. Ignatius von Loyola starb 1556 in Rom und wurde 1622 heiliggesprochen.
Das Ziel des Jesuitenordens war und ist es, Menschen zum katholischen Glauben zurückzugewinnen oder zu bekehren. Naturgemäß ist die Missionstätigkeit eine der Hauptaufgaben des Ordens, der eben durch diese Tätigkeit weltweit verbreitet ist. Zur geistigen Führung und Unterweisung wurden schon bald Jesuiten-Universitäten gegründet

(auch die Wiener Universität unterstand von 1623 bis 1773 der Gesellschaft Jesu). Eben aus diesem Aspekt heraus entwickelte sich aber auch ein bedeutender politischer Einfluß des Ordens. Das Verhältnis zum Papst war trotz des – neben Armut, Ehelosigkeit und Gehorsam – vierten Gelübdes, das besonderen Gehorsam dem Papst gegenüber verlangt, stets ambivalent. So kam es 1773 schließlich durch Papst Clemens XIV. zur völligen Aufhebung des Jesuitenordens. Die päpstliche Bulle »Dominus ac Redemptor noster«, die die Aufhebung verkündete, wurde allerdings durch den preußischen König und die russische Zarin ignoriert und in Preußen und Weißrußland nicht bekanntgemacht.
1814 wurde die Societas Jesu durch Papst Pius VII. wiederhergestellt. Die Jesuiten verzichteten seit jeher auf eine eigene Ordenstracht und auf das Chorgebet. Nach Österreich wurden die Jesuiten 1540 von Ferdinand I. gerufen, zu einer Zeit, als das Leben in den Klöstern und Pfarren völlig darniederlag (es gab beispielsweise zwischen 1530 und 1550 in Wien keine einzige Priesterweihe).
Der weltweit größte Priesterorden zählt heute 25.000 Mitglieder. Die Gesellschaft Jesu legt besonderen Schwerpunkt auf gesellschaftliches und soziales Engagement (beispielsweise in Lateinamerika), was die »traditionellen« Spannungen im politischen, aber auch im innerkirchlichen Bereich weiter bestehen läßt. Der Orden hat eine Reihe von Heiligen hervorgebracht: neben dem Gründer etwa Petrus Canisius, Franz Xaver und Robert Bellarmin.

Der ***Dominikanerorden,*** ein Bettelorden, wurde 1215 vom heiligen Dominikus in Toulouse gegründet und 1216 bestätigt. Der Orden folgt im wesentlichen den Regeln des heiligen Augustinus und widmet sich der Predigt (Ordo Fratrum Praedicatorum, Kürzel OP) und der Seelsorge. 1425 erhielten die Dominikaner die Erlaubnis, Schenkungen anzunehmen und entfernten sich so immer mehr vom Wesen des Bettelordens; vielmehr trat in der Folge die Beschäftigung mit Wissenschaft und Politik in den Vordergrund.
Der politische Einfluß der Dominikaner und der ***Franziskaner*** – beide Orden waren stark in die Inquisition involviert – ging später auf die Jesuiten über.
Franz von Assisi, der Begründer des Franziskanerordens, wurde als Giovanni Bernardone, Sohn eines reichen Tuchhändlers, 1182 in Assisi geboren. Das Wort des Evangelisten Lukas »Nehmt nichts mit auf den Weg, keinen Stab, keine Tasche, kein Brot, es soll auch keiner zwei Röcke besitzen« beeindruckte den jungen Mann so sehr, daß er als Wanderprediger das Evangelium verkündete. Innerhalb kurzer Zeit schlossen sich ihm Gleichgesinnte an. Sie alle lebten in äußerster Armut und nannten sich selbst die ***»Minderen Brüder«.*** Der neuentstandene Orden wurde 1209 von Innozenz III. bestätigt und zählte nach wenigen Jahren bereits fünftausend Mitglieder. Da sich auch Frauen der Bewegung anschlossen, gründete die heilige Klara, die ebenfalls aus Assisi stammte, 1212 den »Zweiten

Orden« der Klarissinnen. Franziskus, kein Kleriker, kein Gelehrter und kein Schulmeister, suchte Gott nicht in gelehrten Auslegungen oder Disputen, sondern in der Schöpfung selbst, die er als untrennbare Einheit von Mensch, Tier und unbelebter Materie begriff. 1226 starb Franziskus und wurde schon zwei Jahre später heiliggesprochen.
Der Orden der Minderen Brüder (Ordo Fratrum Minorum, Kürzel OFM) bestand bis 1517 als Einheit, danach führten schon lange bestehende Auffassungsunterschiede über das Armutsideal zu Abspaltungen. Der nichtreformierte Zweig besteht als ***Minoriten*** oder Konventualen weiter; seit 1528 gilt der Reformzweig der ***Kapuziner*** als eigener Orden. Verschiedene andere Reformzweige wurden 1897 von Papst Leo XIII. unter der Bezeichnung ***Franziskaner*** zusammengefaßt. Aus dem Orden der Minderen Brüder und seinen Nachfolgeorden ist eine Reihe bedeutender Heiliger hervorgegangen – etwa Antonius von Padua, Johannes von Capistran oder in jüngster Zeit der 1982 heiliggesprochene Maximilian Kolbe, der 1941 im Konzentrationslager Auschwitz für einen verurteilten Familienvater in den Tod ging.
Die ***Paulaner,*** ebenfalls ein Zweig der Franziskaner, verdanken ihre Entstehung Franz de Paula, der 1416 in Paola in Kalabrien geboren wurde und schon als Kind in einem Franziskanerkonvent arbeitete. Mit fünfzehn Jahren beschloß er, ein Leben als Eremit zu führen. Bald schlossen sich Gesinnungsgenossen an, und der Orden der Mindersten Brüder, auch Minimi oder Paulaner genannt, entstand. Die Kongregation wurde 1474 bestätigt und breitete sich vor allem in Frankreich aus, wo der Ordensgründer auch starb. Er wurde 1519 heiliggesprochen. Seitdem wurde Franz de Paula auch als Patron der Einsiedler verehrt.
In Österreich bestand in Wien-Wieden ein Paulanerkonvent – die Paulanerkirche erinnert noch daran –, der 1796 aufgehoben wurde. Somit war der Paulanerorden in Österreich erloschen.
Der Orden der ***Pauliner*** hingegen ist die Gründung eines Domherrn aus Gran (Esztergom) und war daher besonders in Ungarn verbreitet. So ist etwa in Pápa, einer Kleinstadt am Nordrand des Bákony-Gebirges; die Kirche des dortigen Paulinerklosters mit einer anmutigen Rokoko-Einrichtung ist erhalten geblieben. In Wien übernahmen Pauliner die schon seit dem 14. Jahrhundert bestehende Kalvarienbergkirche in Wien-Hernals und errichteten 1743 neben der Kirche ein Kloster. Dieser im 18. Jahrhundert in den österreichischen Ländern recht weit verbreitete Orden befaßte sich vor allem mit Exerzitien und Heidenmissionierungen. 1786 wurde der Orden in seiner Gesamtheit aufgelöst.

Der heilige Romuald, 952 in Ravenna geboren, trat nach einer Familientragödie in ein Kloster ein, das ihm jedoch zu wenig streng erschien. So zog er sich mit dem Eremiten Marinus und dem Dogen Pietro Orseolo zunächst in das Kloster St. Michael in den französischen Pyrenäen zurück. Nach Italien zurückgekehrt, gründete Romuald 1012 das Kloster Camaldoli, nach dem der Orden, den er 1018 begründete und der 1072 bestätigt wurde, seinen Namen erhielt: die ***Kamaldulenser*** leben nach der Regel des heiligen Benedikt, jedoch in äußerster Askese. Die Mönche sind zum Schweigen verpflichtet und leben räumlich voneinander getrennt in eigenen kleinen Häusern. Somit ist die Lebensweise jener der Kartäuser sehr ähnlich. In Österreich ist dieser Orden erloschen. Bekannt war jedoch bis zu ihrer Aufhebung die Einsiedelei der Kamaldulenser auf dem Wiener Kahlenberg. 1629 wurde der Bau der einfachen Kirche begonnen, 1734 mußte nach den Zerstörungen der Zweiten Türkenbelagerung ein Neubau errichtet werden. In Ungarn blieben die Reste der Kamaldulenser-Einsiedelei von Majk-Puszta (nahe Tatabánya) bestehen; zwar ist die Klosterkirche nur noch eine Ruine, doch blieben die frei stehenden Mönchszellen großteils erhalten (heute zu Unterkunftszwecken umgebaut).

Der ***Kartäuserorden*** wurde vom heiligen Bruno begründet. Bruno, um 1030 in Köln geboren, war zunächst Kanoniker in Köln. Über Reims kam er nach Grenoble, wo er vom dortigen Bischof die Erlaubnis erhielt, mit sechs Gefährten in der nahen Einöde von Chartreuse ein Einsiedlerkloster zu gründen. 1086 entstand die erste Kartause, »La Grande Chartreuse«. Von den Tochtergründungen erfolgte die erste – in Kalabrien – noch zu Lebzeiten Brunos, der 1101 starb und 1623 heiliggesprochen wurde. 1128 wurden von Guigo, dem fünften Prior der Grande Chartreuse, die Ordensregeln formuliert, die neben den üblichen Mönchsgelübden auch jene der Einsamkeit und des ewigen Stillschweigens vorschreiben. In der Tat leben die Kartäusermönche autark in ihren Zellen, essen kein Fleisch, treffen nur zur Meßfeier an Sonn- und Feiertagen und einmal wöchentlich zu einem gemeinsamen Spaziergang zusammen, nehmen auch ihre Mahlzeiten nur sonntags gemeinsam ein und widmen sich ausschließlich dem Gebet. Der Kartäuserorden wurde in der langen Zeit seines Bestehens nie reformiert. Sämtliche Kartausen Österreichs wurden im Josefinismus aufgelöst. Somit ist seither auch diese besondere Form des Mönchstums in unserem Land erloschen.
Zur Zeit der Aufhebung, 1782, bestanden auf dem heutigen Staatsgebiet die Kartausen von Gaming, Aggsbach und Mauerbach; in den österreichischen Erblanden waren es insgesamt dreizehn.
Von den 271 jemals gegründeten Kartausen, von denen einige nur von kurzem Bestand waren, die meisten jedoch auf eine mehrhundertjährige Tradition zurückblicken konnten, wurde der Großteil nicht nur in Österreich, sondern auch in allen anderen Staaten Ende des 18. bis Anfang des 19. Jahrhunderts aufgelöst. 23 dieser 271 Klöster werden heute noch von Kartäusern oder Kartäuserinnen bewohnt, die

meisten davon in Frankreich, Spanien und Italien. Im deutschen Sprachraum erfolgte 1964 eine Neugründung im deutschen Leutkirch (Allgäu). Der Versuch einer Wiederbesiedelung von Mauerbach bei Wien im Jahre 1947 schlug jedoch fehl.

Ebenfalls in seiner Gesamtheit erlosch der Orden der ***Theatiner,*** der 1782 in Österreich sechs Klöster umfaßte. Gegründet wurde dieser Orden vom heiligen Kajetan, der als Gaetano von Thiene 1480 in Vicenza geboren wurde und zunächst als Doktor der Rechte Protonotar der römischen Kurie wurde, nach seiner Priesterweihe 1516 jedoch in seine Heimat zurückkehrte und in Venedig ein Spital für unheilbar Kranke gründete, in dem er auch selbst Dienst tat. Gemeinsam mit Gianpietro Caraffa gründete er den Regularklerikerorden der Theatiner, der seinen Namen von dem Umstand ableitet, daß Caraffa damals Bischof von Theate war. Caraffa wurde später Kardinalbischof von Ostia und als beinahe Achtzigjähriger zum Papst gewählt. Als Paul VI. unterstützte er in seiner steten Furcht vor Häresien vehement die Inquisition und ließ den ersten »Index librorum prohibitorum«, ein Verzeichnis verbotener Bücher, veröffentlichen.

Der Orden der ***Barnabiten*** besteht seit 1928 in Österreich nicht mehr. Gegründet wurde die Kongregation 1530 von Antonius Maria Zaccharia, der 1502 in Cremona geboren wurde und zunächst den Beruf des Arztes ausübte, ehe er sich dem Priesterberuf zuwandte und 1530 einen Regularklerikerorden gründete, der seinen Namen vom ersten Kloster dieses Ordens, San Barnaba in Mailand, herleitet. Antonius, der erst 1897 heiliggesprochen wurde, hatte seinen Mönchen ein viertes Ordensgelübde gegeben, nämlich das, sich nicht um höhere kirchliche Würden zu bewerben. Die Barnabiten sind in den romanischen Ländern nach wie vor vertreten und widmen sich der Volksmission, der Seelsorge und der Jugenderziehung.

Der Orden der ***Redemptoristen*** wurde als »Kongregation des Allerheiligsten Erlösers« (lat.: redemptor) von Alfonso von Liguori 1732 gegründet. Die Aufgabe besteht in Volksmissionen und Exerzitien. Der weibliche Orden der ***Redemptoristinnen*** war bereits ein Jahr zuvor, 1731, als »Schwestern des Allerheiligsten Erlösers« gegründet worden. Die Nonnen dieses kontemplativen Ordens leben in strenger Klausur. Nördlich der Alpen wurde der Orden durch den heiligen Clemens Maria Hofbauer (1751–1820) heimisch gemacht, der seit 1788 selbst Generalvikar der Redemptoristen nördlich der Alpen war. Hofbauer wirkte in der Kirche Maria am Gestade in Wien, wo er nach seinem Tode auch beigesetzt wurde. Nahe dieser Kirche besteht nach wie vor das Wiener Redemptoristen-Kollegium.

Während der Orden der ***Schwarzspanier,*** deren korrekte Bezeichnung »Reformierte Benediktiner von Montserrat« wäre, in Österreich erloschen ist, besteht jener der Weißspanier, recte ***Trinitarier,*** in unserem Land noch. Gestiftet wurde dieser Orden 1198 in Spanien als »Orden der Heiligsten Dreifaltigkeit von der Erlösung der Gefangenen«. Die Mönche leben nach der Regel des heiligen Augustinus und übernahmen als viertes Gelübde die Verpflichtung, Almosen für den Rückkauf von Christensklaven zu sammeln, wie schon aus der Ordensbezeichnung ersichtlich wird. Heute widmet sich der Orden der Seelsorge und der Krankenpflege.

Unter der Bezeichnung ***Hieronymiten*** oder Hieronymitaner werden mehrere Zweige von Eremitenorden verstanden. Einer davon, die »Armen Eremiten vom Heiligen Hieronymus von der Kongregation des Seligen Petrus von Pisa«, war in Österreich vertreten, ehe der strenge Orden, der 1435 von Petrus von Pisa gegründet worden war, 1824 durch Mangel an Mitgliedern erlosch.

Gleiches gilt für den Orden der ***Augustiner-Barfüßer,*** der in Österreich 1834 eingestellt wurde und dessen berühmtestes Mitglied der Prediger Abraham a Sancta Clara gewesen war.

Behaupten konnte sich hingegen der Orden der ***Augustiner-Eremiten,*** ursprünglich ein Bettelorden. Dieser Orden steht mit den Augustiner-Chorherren in keinem geschichtlichen Zusammenhang; vielmehr entstand er im 13. Jahrhundert aus im Klosterleben vereinigten, vorher verstreut lebenden Eremiten in Italien. 1567 wurde diese Vereinigung vom Papst als Orden bestätigt. Martin Luther war ursprünglich Augustiner-Eremit.

Dem spirituellen Experiment sieben wohlhabender Kaufleute aus Florenz verdankt der Orden der ***Serviten*** sein Entstehen. Sie verließen 1233 die Stadt, um ein Leben in Einsamkeit, als Diener Mariens, zu führen. Die Männer ließen sich endgültig auf dem Monte Senario nieder und dachten zunächst nicht an die Gründung eines Ordens; dies ergab sich erst, als sie nach einigen Jahren der Einsamkeit wieder Kontakt mit der Umwelt suchten, um die gewonnenen Erfahrungen weiterzugeben. Die ursprüngliche Intention der Gründungsväter, die 1888 als geschlossene Gruppe heiliggesprochen wurden, nämlich Diener Mariens zu sein, lebt in der exakten Ordensbezeichnung fort: »Ordo Servorum Mariae« (Kürzel OSM). Schon sehr früh fühlten sich auch Frauen zu dem neuentstandenen Orden hingezogen; die heilige Juliana Falconieri, um 1290 geboren und einer Florentiner Adelsfamilie entstammend, gilt als die Mutter der Servitinnen. Der Orden widmet sich der Schularbeit, der Krankenpflege, der Jugendarbeit und der Seelsorge.
Der Servitenorden ist in ganz Österreich vertreten, mußte jedoch in letzter Zeit aus Personalmangel die Betreuung mehrerer Kirchen (etwa der bedeutenden Wallfahrtskirche Maria Langegg im Dunkelsteiner Wald) abgeben.

Josef von Calasanza wurde 1556 geboren und war zunächst Generalvikar des Bischofs von Seu d'Urgell (Nordspanien). 1592 ging er nach Rom und erkannte dort als seine Lebensaufgabe die Erziehung und Bildung der Kinder, besonders jener der armen Bevölkerungsschichten. 1597 gründete er gemeinsam mit zwei anderen Priestern im römischen Armenviertel Trastevere die erste unentgeltliche Volksschule Europas und gleichzeitig die Kongregation »Ordo Scholarum Piarum« (Orden der Frommen Schulen). 1621 wurde dieser Orden päpstlich anerkannt, Josef von Calasanza 1767 heiliggesprochen.
In Österreich war dieser Orden der ***Piaristen*** bereits im 18. Jahrhundert um Bildung und Pflege der deutschen Sprache bemüht. Heute ist der Orden in Wien und Niederösterreich tätig.
Den Ideen des heiligen Josef von Calasanza haben sich außer den von ihm selbst gegründeten Piaristen insgesamt zehn weitere Männer- und Frauenorden angeschlossen, so die ***Kalasantiner,*** die sich besonders der Arbeiterbildung widmen.

Ausgesprochene Schulorden sind etwa die ***Schulbrüder*** und die ***Marianisten*** (»Gesellschaft Mariä«), bei den Frauenorden etwa die ***Englischen Fräulein*** (1609 von Mary Ward in England gegründet) oder die ***Schulschwestern*** vom dritten Orden des heiligen Franziskus. Doch ist auf diesem Gebiet auch eine Reihe anderer Orden tätig, so etwa die ***Ursulinen*** (1537 gegründet) und die ***Dominikanerinnen,*** die ***Salesianer*** und ***Salesianerinnen.***

Der Orden unserer Lieben Frau vom Berge Karmel, der ***Karmeliten,*** soll der Sage nach vom Propheten Elias gegründet worden sein und geht tatsächlich auf Eremiten zurück, die auf dem Berge Karmel lebten. 1209 erhielt diese Eremitenvereinigung eine Regel, die weitgehend mit der des heiligen Basilius übereinstimmt. Basilius war 330 in Caesarea geboren worden und hatte gemeinsam mit dem heiligen Gregor von Nasianz diese Mönchsregeln formuliert. Diese und die Liturgie des Kirchenlehrers Basilius wurden für die Ostkirche später von großer Bedeutung.
1542 wurde der heilige Johannes vom Kreuz, Kirchenlehrer und Mystiker, in der spanischen Provinz Avila geboren; 1515 hatte die heilige Therese von Avila, wohl die bekannteste Mystikerin der katholischen Kirche, in Avila selbst das Licht der Welt erblickt. In gemeinschaftlicher Anstrengung reformierten beide 1568 den männlichen und weiblichen Zweig des Karmeliterordens. Dazu ergab sich beim männlichen Zweig eine Trennung in »beschuhte Karmeliten«, die die Reform nicht akzeptieren wollten, und in »unbeschuhte Karmeliten«, die sich der Reform anschlossen. Beide Zweige sind in Österreich vertreten und heute durch keine wesentlichen Auffassungsunterschiede mehr getrennt. Der stärker vertretene Zweig der »Unbeschuhten Karmeliten« widmet sich, als ein im wesentlichen kontemplativer Orden, der außerordentlichen Seelsorge (also nicht der Pfarrseelsorge) und dem Angebot von Exerzitien. Während Mitglieder

des männlichen Ordens ihren Aufgaben auch außerhalb des Ordens nachkommen können, leben die von der heiligen Therese von Avila reformierten ***Karmeliterinnen*** in strengster Klausur und zählen zu den strengsten heute noch existierenden Frauenorden der katholischen Kirche.

Orden, die sich ausschließlich der Krankenpflege widmen, sind, um die bekanntesten zu nennen, die ***Barmherzigen Brüder*** – gegründet vom heiligen Johannes von Gott, eigentlich Johannes Ciudad, 1495 in Portugal geboren, 1550 gestorben und 1609 heiliggesprochen – und die ***Barmherzigen Schwestern*** vom heiligen Vinzenz von Paul. Letzterer Orden wurde, ebenso wie der Männerorden der ***Lazaristen,*** der sich zur Zeit seiner Gründung vor allem der Bildung des Landvolkes widmete, vom heiligen Vinzenz von Paul begründet. Dieser Heilige wurde 1581 in Südfrankreich geboren, starb 1660 in Paris (beigesetzt in der Kirche St. Lazare) und wurde 1737 heiliggesprochen.

Der heilige Vinzenz war durch viele Jahre hindurch der geistliche Berater der heiligen Johanna Franziska von Chantal, die ihrerseits mit Hilfe des heiligen Franz von Sales den Orden der ***Salesianerinnen*** gründete. Johanna, 1572 in Dijon geboren, war zunächst mit Baron Christoph von Chantal verheiratet und Mutter von vier Kindern. Nach dem plötzlichen Tod ihres Ehemannes lernte sie 1604 den damaligen Bischof von Genf mit Sitz in Annecy, den heiligen Franz von Sales, kennen. Franz von Sales, 1567 auf Schloß Sales in Savoyen geboren, 1622 gestorben, 1665 heiliggesprochen und 1877 schließlich zum Kirchenlehrer ernannt, war ein Vorbild an christlicher Güte und Nächstenliebe.
Der Orden der Salesianerinnen, der sich vor allem der Erziehung von Mädchen widmet, wurde 1618 bestätigt. Johanna starb 1641 und wurde 1767 heiliggesprochen.
Um Obdachlose, Arbeitslose und verwahrloste Jugendliche kümmerte sich der 1815 in Piemont geborene Johannes Bosco, der nach seiner Priesterweihe nach Turin ging. Aus seiner Berufung wuchs schließlich die »Fromme Gesellschaft vom heiligen Franz von Sales«, die heute unter der Bezeichnung ***Salesianer Don Boscos*** bekannt ist. Johannes Bosco, der 1888 starb und 1934 heiliggesprochen wurde, gründete auch – gemeinsam mit der heiligen Maria Domenica Mazzarello – den Frauenorden der ***Don-Bosco-Schwestern.***

Ebenfalls im Geiste des heiligen Franz von Sales entstand der Orden der ***Oblaten des heiligen Franz von Sales,*** 1874 von Pater Brisson in Frankreich gegründet.

Alle zuletzt genannten Orden sind in Österreich tätig.

Der Orden der ***Salvatorianer*** wurde 1891 in Rom begründet und kam um 1900 nach Wien, um hier die aus den böhmischen Kronländern zugewanderte Bevölkerung zu betreuen. Nach dem Ersten Weltkrieg wurden dem Orden, der sich heute vor allem der Pfarrseelsorge in über ganz Österreich verstreuten Pfarren widmet, die Klöster des erloschenen Barnabitenordens überlassen.

Der Orden der ***Olivetaner,*** der in Österreich in Kärnten (Tanzenberg) vertreten ist, wurde 1313 von Bernardo Tolomei in Siena begründet und befolgt eine besonders streng ausgelegte Benediktinerregel.

Eine Sonderstellung nimmt der Orden der ***Mechitharisten*** ein. Dieser Orden der armenisch-unierten Kirche wurde 1701 in Konstantinopel vom Armenier Petro Mechitar von Sebaste gegründet. Eine besondere Aufgabe des Ordens besteht in der Pflege der armenischen Sprache. Über Venedig und Triest kamen die Mechitharisten 1810 nach Wien, wo ihnen Kloster und Kirche eines aufgelassenen Kapuzinerklosters überlassen wurden. Wie schon in Venedig ist auch dem Wiener Kloster eine Druckerei angeschlossen, die Bücher und Zeitschriften in fünfzig verschiedenen Sprachen zu drucken imstande ist.

Außer im österreichischen Kernland, der heutigen Republik, gab es natürlich auch in den anderen Ländern der Habsburger Monarchie bedeutende Klöster; in den Zeiten der kommunistischen Diktatur konnten die wenigsten ihre Existenz bewahren. Es ist an dieser Stelle also sicher legitim, einen Blick über die Grenzen des heutigen Österreichs zu wagen, wobei dieser Blick nicht weit schweifen soll. Eine Erfassung der Ordensniederlassungen in den ehemaligen Kronländern wäre Thema eines eigenen Buches und aus vielen Gründen ein – selbst nach Öffnung der Grenzen – schwieriges Unternehmen.
Herausgegriffen seien aber einige grenznahe Klöster, die zum Teil in besonderer Beziehung zu österreichischen Klöstern standen. So erwarb Stift Heiligenkreuz 1734 die Ruine des 1183 gegründeten und 1605 gesprengten Zisterzienserklosters in ***Sankt Gotthard an der Raab*** (Szentgotthárd, Ungarn) mit allen dazugehörigen Ländereien. Kirche und Kloster wurden 1748 bis 1764 nach Plänen von Franz Anton Pilgram neu erbaut; die Kirche wurde 1784 von Stephan Dorffmeister, einem vor allem in Ungarn tätigen Künstler, mit Fresken ausgestattet. Im ersten Gewölbejoch stellte Dorffmeister die Schlacht von Mogersdorf/Sankt Gotthard dar, in der 1664 Feldmarschall Raimund Montecuccoli einen bedeutenden Sieg über das türkische Heer errungen hatte.
1878 mußte Heiligenkreuz seine Besitzung an die ungarische Ordensprovinz mit Sitz in Zirc abgeben. Ungarn wollte nach dem Ausgleich von 1867 keine »deutschen« Besitzungen auf seinem Territorium mehr dulden. Die Abtei von Szentgotthárd bestand danach bis zur Aufhebung durch die kommunistische Regierung im Jahre 1946 weiter.

Die ehemalige ***Benediktinerabtei Ják,*** zwischen Körmend und Szombathely (früher Steinamanger) gelegen, steht zwar in keinem unmittelbaren Zusammenhang mit österreichischen Klöstern, ist jedoch von großer kunstgeschichtlicher Bedeutung. Die Abtei von Ják wurde Anfang des 13. Jahrhunderts von Marton Nágy aus dem Geschlecht Ják im Zentrum seiner Besitzungen gestiftet. Bereits 1223 wird ein Abt in Ják erwähnt. Die Klosterkirche wurde 1256 geweiht. Diese Abteikirche von Ják ist in ihrer ursprünglichen romanischen Erscheinungsform erhalten geblieben. Zwar wurden im Barock einige Veränderungen vorgenommen, im Zuge einer Generalrestaurierung am Anfang unseres Jahrhunderts jedoch rückgängig gemacht und die Kirche in ihren ursprünglichen Zustand versetzt. Dabei wurden auch zahlreiche Figuren des besonders wertvollen Portals ergänzt und statt der barocken Turmhelme steinerne Helme, allerdings mangels anderer Information als Kopien der ursprünglichen Helme einer anderen Kirche (Zsambek), eingesetzt. Im Inneren haben sich einige Fresken aus der Mitte des 13. Jahrhunderts erhalten. Von den Klostergebäuden blieben keine Reste erhalten, wohl aber ist noch die der Westfassade vorgelagerte, ebenfalls romanische St.-Jakobs-Kapelle, die als Leutekirche errichtet worden war (die Abteikirche war urspünglich nur den Mönchen vorbehalten), zu sehen.

Wenige Kilometer nördlich von Bad Leonfelden (Oberösterreich) liegt das aufgelassene, einst sehr bedeutende Zisterzienserstift ***Hohenfurth*** (Vyšší Brod, ČSFR). Hohenfurth wurde 1259 von Vuk von Rosenberg gegründet und von Wilhering aus besiedelt. Schon der Stifter beschenkte Hohenfurth mit ausgedehnten Ländereien; im frühen 16. Jahrhundert gehörten zum Kloster 105 umliegende Dörfer. Stift Hohenfurth wurde im Josefinismus nicht aufgehoben und erlebte im 19. Jahrhundert sogar eine wissenschaftliche Blütezeit. Ein Abt des Klosters, Leopold Wackarz, stand in den letzten Jahren des 19. Jahrhunderts dem Zisterzienserorden als Generalabt vor.
1941 wurde Hohenfurth aufgehoben; der Konvent zählte damals 69 Mitglieder und war einer der zahlenstärksten des Ordens. Die Mönche versuchten 1945 zurückzukehren und das Ordensleben wieder aufzunehmen, alle deutschstämmigen Mitglieder wurden jedoch ausgesiedelt. Stift Rein (vgl. Rein), das damals unter großem Personalmangel litt, nahm zahlreiche Hohenfurther Konventualen auf, ebenso andere österreichische Zisterzen.
1950 wurde Hohenfurth endgültig aufgehoben, der letzte Abt wirkte bis zu seinem Tode in Rein als Apostolischer Administrator. 1958 wurde die de facto bereits vollzogene Vereinigung der Konvente von Rein und Hohenfurth beschlossen. Seit 1959 führt Stift Rein daher die Bezeichnung Rein-Hohenfurth. Damit verbunden ist die Verpflichtung, im Falle geänderter Voraussetzungen Hohenfurth wieder zu besiedeln.
Im Stift Hohenfurth blieb umfangreiche gotische Bausubstanz erhalten, so der Kapitelsaal aus dem späten 13. Jahrhundert, der Kreuzgang aus dem 14. Jahrhundert und die Klosterkirche aus derselben Zeit, die im 17. und 18. Jahrhundert barockisiert wurde. Die Bibliothek mit einem Bestand von 70.000 Bänden stammt von 1757. In der Prager Nationalgalerie befinden sich heute die neun Tafeln des Meisters des Hohenfurther Altars, der um 1350 für die Klosterkirche angefertigt worden war.

Das nahe Zisterzienserkloster ***Goldenkron*** (Zlatá Koruna, ČSFR) wurde 1263 von Přzemysl Ottokar II. gestiftet und von Heiligenkreuz aus besiedelt. Nach einem Brand 1420 blieb das Kloster bis ins 17. Jahrhundert hinein unbesiedelt, wurde aber 1609 wieder aktiviert und besonders ab 1663 frühbarock umgestaltet. 1785 wurde Goldenkron aufgehoben.
Das Zisterzienserinnenkloster ***Porta Coeli*** in Tišnov (bei Brünn, ČSFR) ist eine Gründung der Königin Constanze, der Witwe Přzemysl Ottokars I., vom Anfang des 13. Jahrhunderts. Obwohl dieses Kloster 1782 aufgehoben worden war, wurde es 1899 wiederbesiedelt, und bis heute leben einige wenige Zisterzienserinnen hier.

Die bedeutendsten Bauteile des Stiftes sind das um 1250 entstandene Westportal mit reichem Figurenschmuck und einem skulptierten Tympanon. Der Kreuzgang aus der Mitte des 13. Jahrhunderts in reinem zisterziensischem Stil ist vollständig erhalten. Die frühgotische Basilika wurde barockisiert, das Gemälde des Hochaltars ist ein Werk Franz Anton Maulpertschs.
In ***Nová Říše***, nahe Iglau (Jihlava, ČSFR) hat sich vor allem die Kirche eines Prämonstratenserklosters erhalten (die Klostergebäude befinden sich in sehr schlechtem Zustand). Das ursprünglich als Prämonstratenserinnenkloster 1211 von Markvart z Hrádku gegründete Stift wurde in der zweiten Hälfte des 17. Jahrhunderts barock umgebaut, die Klosterkirche war 1698 vollendet. Die sehr bemerkenswerte Ausstattung erhielt die Kirche jedoch Mitte des 18. Jahrhunderts; so waren die schönen Deckengemälde des böhmisch-ungarischen Meisters Johann Lukas Kracker 1767 vollendet. Das Prämonstratenserkloster Nová Říše betrieb im 19. Jahrhundert ein renommiertes Gymnasium und wurde erst in unserem Jahrhundert aufgehoben.

Abschließend sollen noch die Ritterorden erwähnt werden, entstanden in den Zeiten der Kreuzzüge, um Betreuung und Krankenpflege der verwundeten Ritter, aber auch der Pilger zu übernehmen. Noch in der Zeit ihrer Entstehung wurden sie meist in geistliche Orden umgewandelt; manche teilten sich in eine weltlich-karitative und eine geistliche Formation, beispielsweise der ***Deutsche Orden***, der ***Johanniter-*** oder ***Malteserorden***, die ***Kreuzherrenorden***, welche alle bis heute bestehen

Danksagung

Mein Dank gilt allen Äbten, Prioren, Patres und Nonnen, aber auch weltlichen Mitarbeitern und Mitarbeiterinnen der Klosterverwaltungen, die meine Arbeit unterstützt haben, sei es, indem sie mir den Zutritt zu Klosterräumen innerhalb der Klausur ermöglichten, sei es durch das Überlassen historischer oder sachlicher Informationen. Mein Dank gilt auch Dr. Weißensteiner vom Diözesanarchiv Wien für eine Reihe von Detailinformationen zu den einzelnen Orden. Ausdrücklich hingewiesen sei auf den Umstand, daß die öffentliche Zugänglichkeit (im Rahmen von Führungen) zu einzelnen Räumen von Kloster zu Kloster stark variiert und daß die Abbildung eines Raumes im Bildteil dieses Bandes oder dessen besondere Erwähnung im Textteil nicht automatisch bedeutet, daß dieser auch besichtigt werden kann.